息子が不登校だった
心理カウンセラーが伝えたい

不登校の子が元気になる言葉 つらくなる言葉

心理カウンセラー
NLP上級スキルマスター
富永愛梨

青春出版社

プロローグ

今、子どもの不登校や行きしぶりに悩んでいるお母さん、お父さんへ

現在、大学1年生の息子は、中1の夏休み明けから不登校になりました。

9月1日の始業式はかろうじて登校、翌日は欠席。その後も行ったり行かなかったりの状態で、9月中旬には完全に登校できなくなりました。毎朝、とても苦しそうに、

「またつらい朝がきた。もう生きてるのが嫌だ……死んだほうがマシだ……」

と、涙を流し、ついにはベッドから起き上がることすら困難な状況になりました。

そんな息子に私がしてあげられることは、ほとんどありませんでした。

ベッドでのたうち回って苦しむわが子を助けることもできない自分が情けなく、無

力感にさいなまれ、本当につらくて心が張り裂けそうでした。苦しみをすぐに取り除いてあげたくて、思いつく限りの手はすべて尽くしたつもりでしたが何の効果もなく、もう、なす術《すべ》もなかったのです。

不登校のきっかけは塾講師の叱責だった

息子は突然不登校になったわけではなく、少しずつ、少しずつ、真綿で首を絞められるように心と身体の調子が悪くなっていきました。

大きな原因は、中学受験のために通っていた塾で起きた、突然の事故のようなトラブルでした。

小4の3学期、ほとんど面識のなかった塾講師が、授業を終えて帰宅しようと出口に向かって歩き出した息子の腕をつかみ、無言で強引に別室へ連れて行きました。子どもたちがみんな帰宅し、ガランとした塾の教室に、わけもわからず一人残されて、辺りに響き渡るような大声で延々と叱責されたそうです。

「前回の全国テストよりも成績が下がっている。こんな成績なのに、ヘラヘラ笑って塾によく来られたもんだな」

このような内容の罵詈雑言《ばりぞうごん》が、夜の9時から30分続きました。他の塾講師のかたは誰も助けてくれなかったそうです。

いつものように息子を迎えに行った私は、塾の前でずっと待っていました。なかなか出てこないので心配でしたが、まさかそんなことになっているとは思いもしません。やっと出てきた息子は、号泣していました。滅多に人前で泣かない息子のそんな様子にとても驚いたのを覚えています。帰宅しても、ベッドに入ってからも泣き続け、震え、おびえ、よく眠ることもできずに夜中にも泣き声を上げていました。

この日から、息子はどんどん変わっていきました。

当時、塾では小4から小5のカリキュラムに移行したばかりで、通う回数が増え、帰宅時間も大幅に遅くなったことに息子はまったく慣れていませんでした。お弁当が必要になったので用意しても、塾では食べる時間がなく、帰宅してから食べるくらいハードな日々でした。

カリキュラムが変わる前の息子は夜9時半には就寝していたので、生活リズムを変える必要もあり、成績が少し落ちたことなんてわが家では一切気にもしていませんでした。そんなことは後からいくらでも取り返せると思っていたので、テストの出来に落ち込んで帰宅した息子と、すぐに内容の振り返りをして、気分転換に家族で映画のＤＶＤを観るなど、団らんを目いっぱい楽しんで、気持ちを切り替えることを優先していました。

しかし塾講師の叱責の日から、息子は塾に通えなくなりました。それまでは笑顔で通塾できていたのに、その笑顔が完全に消えてしまったのです。

頑張って塾に行ってもビルの前で立ちすくんでしまいます。やっとの思いで中に入り、階段を上ろうとすると、足が震えて上れません。家にいても塾のことを考えると震えが止まらなくなり、泣くようになりました。そして、頭痛、腰痛、腹痛、吐き気、めまい、アトピーの悪化など、さまざまな身体症状が出始めました。

それまで塾と水泳をすごく前向きに頑張っていて、好奇心旺盛で勉強も運動も大好きで、塾の勉強にも毎日楽しく取り組んでいた子でしたが、その変化はすさまじいものでした。

息子の苦しみを救えない——私はダメな母親

息子の心身の状態は、坂道を転げ落ちるように悪くなっていきました。今まで積み重ねてきたものが一瞬で消え去り、できていたことが何もできなくなる恐怖。私以上に息子はもっともっと怖かったと思います。頭ではやらなきゃと思っていても、身体が固まってしまい、思うように動けない——そんな様子でした。

母親としての私も非力すぎました。あのころの私は、息子が大きな問題に直面したとき、それを乗り越えるための力をつけてあげる方法を知らず、自分のほうがショックを受けてしまい、ドンと構えていてあげられませんでした。

中学受験はどうなっちゃうんだろう……、こんなに勉強が遅れたら中学受験に失敗しちゃう……、今まで順調だったのに、こんなことになるなんて……、私はどうしたらいいんだろう……と堂々巡りな思考を繰り返したり、息子には失敗しない人生を歩んでほしいのに、こんなところでつまずいてる場合じゃない！　まだまだ取り返せるはず！　と無駄に意気込んだりと、かなり自分本位な考え方しかできませんでした。

息子を本当に心配してのこととはいえ、今思えば、これらはすべて親の欲でした。一度も失敗しない人生なんてあるはずがないのに、あのころの私は「子どもには絶対に失敗させたくない」と本気で思っていたのです。

目の前の息子から片時も目を離していないつもりだった私。でも私が見ていたのは、分かるはずもない息子の将来でした。そして勝手に心配することで自分が安心したかったのだと思います。今、目の前にいる息子のことは何も見ていなかったのです。

「起立性調節障害」と診断されて

あのころは、一つうまくいかなくなると、次から次へとうまくいかないことが増えていき、混乱しきっていました。

息子の身体症状は日が経つごとに悪化していき、いつも頭痛に悩まされていて頭痛薬が手放せなくなりました。私は、毎日のように頭痛薬を飲ませることに強い抵抗感がありました。頭痛薬を飲ませずに少しでも苦しむ息子を楽にしてあげたい。藁《わら》にもすがる思いで、息子を治してくれる病院を探しまわっていました。

頭痛やめまいや立ちくらみの相談をした病院で大学病院を紹介していただき受診し

たところ、『起立性調節障害』との診断。「この病気にはどの病院も対応していると思うから、かかりつけ医に相談してくださいね」と言われ、かかりつけ医に相談してみると、「対応できない」と断られました。

困り果てて、いろいろ調べ、起立性調節障害についての本を出している医師を見つけて診察をしてもらうと、「そんなものは気の持ちようだ！　甘えている！」と息子は叱られてしまいました。

「起立性調節障害」という病名にやっとたどり着いたのに、してあげられることは何もない――。さらに調べてみると、自律神経の機能検査や鍼《はり》治療をしてくれる病院を見つけました。受診してみると、大学病院よりも詳しく検査をしてくれて、優しく話も聞いてくれるとても親切な病院だったので、しばらく通院してみました。

ただ、鍼治療をすると少しは元気になるのですが、少し時間が経つと効果は消えてしまう。頻繁に治療を受けなくてはならず、そこに通う息子の体力がなくなってしまいました。

並行して、漢方薬やサプリメントを飲ませたり、整体やカイロプラクティックなど、いいと言われるものを片っぱしから試したりしましたが、身体症状は良くなることはなく、抜本的な解決方法となったことは何一つありませんでした。

週4回も水泳の選手育成コースに通うほど体力があった息子が、何を試しても頭痛薬を手放せないくらい、頭痛、めまい、立ちくらみに悩み、のたうち回るほどの腰痛、腹痛に苦しみ続けていて、青白い顔でグッタリしている姿に、いったい何が起きているのかと不安でたまらない毎日だったのです。

中学入学後のフラッシュバックとゲーム依存

トラブルが起きた塾をやめてから、新しい塾を探しても息子に合うところが見つからずに、また次の塾へ……ということを繰り返したりもしていました。

そして、成績は身体症状の悪化と比例するようにどんどん下がっていきました。

大手の塾から個別指導の塾に移ったため、中学受験の王道のレールからは大きく外れたかたちになりました。息子は、公立だと大嫌いな子と一緒になるのが嫌だとの理由で、受験勉強がさほど必要ない私立中学校を受験し、合格しました。

中学に入学してからは少し体調も上向きになり、勉強にも少し前向きに取り組めるようになった息子。何とかこのままやっていってくれればと願っていた矢先、彼の心身の状態はまたもやガクンと落ちました。1学期の中間試験の結果をもとに、担任の先生からかけられた言葉に強く反応したのです。

「君は成績優秀だから、このまま上位を狙って頑張れ。クラスを引っ張る存在になりなさい」

先生が良かれと思ってかけた励ましの言葉が、塾での苦しかった出来事をフラッシュバックさせました。

それから息子はどんどん顔色が悪くなり、少し治まっていた身体症状もあり得ないほど悪化していきました。

暑さを過剰に感じるようになり、大量の汗に苦しめられる。学校に行くまでに尋常でない量の汗をかき、着ているものはビショビショ。教室は冷房がきいていて寒い。体温調節がうまくできない。登校するだけでエネルギーを使い果たしてしまう状態でした。

そして、そのころから、中学で仲良くなったお友達との会話に合わせるために始めたゲームやYouTubeにどんどんハマり、驚くほどのスピードで依存していったのです。

●出口の見えない不登校の日々

1学期の間はそれでも頑張って登校していましたが、夏休みに入りダウン。顔色はさらに青白く食欲もなくなりました。「味がしない、美味しくない、食べたくない」。大好きな料理を出しても、一切見向きもしなくなりました。そして、お友達とのゲームにハマり、夏休み中はほとんど外出もせず、ベッドの中で一日中過ごしていました。無気力、寝たきり、昼夜逆転。できることは、ベッドの中でYouTubeを見たり、ゲームをすることだけ。ゲームの時間を制限しようとすると、「身体がつらくて、できることはこれしかないのに……」と泣かれてしまうとどうすることもできず……。

電子機器って、ほんの一瞬の心の隙間にスッと入っていくんですね。一度依存すると、もうこれ以上は悪い状態にならないと思っても、さらに落ちていく。気づいたときには、絶望の底無し沼から抜け出せない窒息寸前の状態でした。

夏休みが終わり、新学期が始まっても、息子はなかなか動き出すことができませんでした。そして冒頭に書いたように、9月1日の始業式には行きましたが、欠席を繰り返すようになり、9月中旬には完全に登校できなくなってしまったのです。
起立性調節障害の子どもは不登校になる子が多いと聞いてはいたけれど、まさか自分の子が不登校になるなんて……。夏休み中、これだけのんびり過ごしてたくさん充電したんだから、2学期からは当たり前にまた登校するだろう、と安易に考えていたのです。

息子が学校に行けなくなって、私は初めて「不登校」について調べました。
思い返してみれば、あのころの私は息子の病気を治そうとネット等で病院を調べるなど、外側ばかりに目を向けていた気がします。不登校になれば、不登校の情報ばかりを集めていました。目の前の息子のことを分かっているつもり、よく見ているつもりでしたが、実際は息子の患部しか見ていなかったのです。

何か糸口をつかめないかと、スクールカウンセラーさんと面談もしてみました。そのかたは入学した子どもたち全員と、5~6人のグループごとに面談をしていたそうで、息子とも一度だけ話した記録が残っていました。

しかし、息子の顔も覚えていないのにもかかわらず、「あ～、あの子は何かあるかもしれませんね。そういえば、質問の返答も独特でしたよ。発達障害の可能性があります。そもそも不登校になる子に発達障害があるケースは多いので、検査を受けてきてください。診断書をもらったら、学校に提出してください」と、発達障害の検査を勧めてこられたのです。「検査はどこで受けられますか？」と尋ねると、自分で調べてくださいとのことでした。

たった一度、ほんの短い時間会っただけなのに、うちの子が発達障害だとどうして分かるんだろう？　今まで発達障害を疑ったことはなかったけれど、他人の目から見ると、息子は人と違って見えるのだろうか。不信感と不安が胸に渦巻きました。

児童精神科へ

その後、すごく嫌でしたが、学校側に提出する診断書をもらいに発達障害の検査ができる児童精神科を受診。予約時には、学校側に提出するための発達障害の検査を希望していること、息子に起立性調節障害があり、現在不登校であることを伝えました。

受診当日は、毎日ほとんどベッドにいた息子を無理やり起こして、やっとのことで病院へ。建物にはエレベーターがなく、急な階段をたくさん上らないといけなかったので、息子は何度も休憩しながらフラフラな状態で病院にたどり着きました。

ところが、診察室に入ると、医師は開口一番、こう言い放ったのです。

「起立性調節障害の子は、こんなに階段を上れないよ。本当の起立性調節障害の子は、この病院までたどり着くことはできない。学校に行けない？　学校に行きたいの？　なんで？」

息子の状態は何も聞かずに一方的にしゃべり続け、一方的な質問をし、質問に答える間もなくさらに一方的にしゃべり続け、最終的に検査も通院も必要ないと言われました。

息子をただ助けたいだけなのに、動けば動くだけ心が深く傷つきました。息子の身体症状を改善してあげたいだけなのに、解決策を見つけることができません。

このときの医師の診察や、先のスクールカウンセラーさんの対応に接してはっきり分かったのは、起立性調節障害と不登校は、医師にもスクールカウンセラーさんにも対処できない厄介な問題なのだということでした。

踏切の前で立ち尽くす息子

どうしてこうなってしまったのかも、子どもとどのように接したらいいのかもまったく分からない状態のなか、いろいろ調べていくと、同じような経過をたどって不登校になり、同じような症状で苦しんでいる子が多いことを知りました。

起立性調節障害は中学生の10人に1人が発症するといわれています（日本小児科学会が2016年にまとめた資料より）。不登校の数は年々増加しており、2023年には小・中学生の不登校は過去最多の34・6万人にも上りました（文部科学省「令和5年児童生徒の問題行動・不登校等生徒指導上の諸課題に関する調査結果」の概要より）。

そして、不登校は非常に再発しやすく、やっと再登校しても再度不登校になる確率は70〜80％だといわれています。不登校の子が再登校し、さらに継続して登校することはとても大変だということがよく分かります。

不登校が長期化しやすいことも知らなかった私。少しの間ゆっくり休めばまた元気に登校するだろう、再登校できたら万事ＯＫで、毎日元気に登校できるだろう、という考えが頭のどこかにありましたが、認識を改めました。

今、思い返しても涙が溢《あふ》れてしまう息子の姿があるのですが……。

紆余曲折を経て再登校し始めたころのことです。朝、家を出た後、近くの踏切の前でボーッと立ち尽くしていて、何本も電車が通りすぎても動けないまま、何十分もその場に立ち尽くしていました。

私は、息子から見えない場所で、彼が踏切を渡れるように祈るような気持ちで見守っていました。結局渡ることができずに家に戻ってくることもありましたし、その場から逃げ出してしまうこともありました。けれど、「息子が線路に飛び込むかもしれない」と不安になったことは、ただの一度もありませんでした。「息子は大丈夫。必ずこの問題を乗り越えられる」と、心の底から息子を信じていたからです。

家に引き返してきたときの息子は、真っ青な顔でトイレに何十分もこもり、ベッドにバタリと倒れ込んで眠ってしまいます。

その後、起きてシャワーを浴びて、またやっとのことで制服に着替え、フラフラしながら玄関に向かい、靴を履こうとうずくまったまま十数分固まり、何とか覚悟を決めて立ち上がり、学校に向かって歩き出す、という具合でした。

学校に着くころには帰りの会が始まっていることもありました。ベッドに倒れ込んだまま動けずに、そのまま学校を休むこともありました。

毎日がこの繰り返しでしたが、昨日より1分でも早く学校に行けるように息子は頑張っていました。学校は危険なところだと脳が学習してしまっていたからか、登校しようと思う気持ちとは裏腹に、身体が拒絶反応を起こしていたのだと思います。

やっとの思いで家から出て歩き出しても、学校に着くまでに何度も何度も、「学校に行きたいけど行けない」と葛藤が起こります。


このように、再登校の道はとても険しいのです。

不登校の子どもの数は年々増えていて、書店には不登校から再登校を目指すための本が並んでいます。しかし、再登校するようになってからがどれだけ大変かということは、世間ではほとんど知られていません。

私自身も、再登校さえすれば息子は不登校になる前の元気な状態にすぐに戻れると思い込んでいたので、まさか再登校してから何年もつらく苦しい思いをすることになるとは思いもしませんでした。

安易に言ってはいけない言葉、「学校になんて行かなくてもいいよ」

長い長い時間、一進一退を繰り返す子どもと向き合えるのは親だけです。

スクールカウンセラーさんも医師も学校も、登校することを強いて最悪の事態が起きた場合、誰も責任なんて取れないし、取りたくないでしょう。

よく耳にする「学校になんて行かなくてもいいよ」という言葉は、子どものためのようですが、実のところ、かける言葉がそれしかないのだと思います。

しかし、この言葉を安易に伝えてしまうのはとても危険です。なぜならこの言葉は学校の価値を下げるからです。子どもにとって、登校することの優先順位が下がってしまいかねません。

長く続いた茨《いばら》の道を経て、息子が元気に登校できるようになったころ、「遅刻や早退、欠席を繰り返しながらもどうして学校に通い続けることができたの？」と質問したことがあります。

息子は「学校に行かなきゃっていう使命感だよ」と答えました。安易に「学校なんて行かなくてもいいよ」と言ってしまっていたら、息子は使命感を持って登校し続けることはできなかったと思います。

私は日頃から息子に、学校に行くのは自分のためだけではないこと、登校することでクラスやお友達、家族に与える影響力の大きさを伝えていました。だから彼は使命感を持って登校できたのかもしれません。「学校なんて行かなくてもいいよ」と言わなくて本当に良かったなと、数年経った今も心から思っています。

子どもが登校できないときは、

「学校に行く準備がまだできていないんだね。心や身体が元気になったらすぐにまた学校に通えるようになるよ。あなたが元気になれるようにお母さんが力をつけてあげるから、安心して大丈夫だよ」

と伝えてあげれば、「学校に行きなさい！」「行かなくてもいいよ」などと言わずに、子どもの気持ちに寄り添ってあげられます。

不登校、行きしぶりの子どもに親ができること

不登校だった子どもが再登校するようになることは一つの大きな節目ですが、そのまま毎日元気に行けるようになるわけではありません。

「行きしぶり」をしている子どもの多くは、とても真面目で繊細で優しくて、人一倍頑張ろうという気持ちが強いものです。

しかし、遅刻や早退、欠席が多いと、規定を守らないことに抵抗がない子、社会常識がない子、社会規範が身についていない子、嫌なことがあるとすぐに逃げる子、自分勝手な子、ズルい子、などのネガティブなレッテルを貼られてしまう場合があります。

行きしぶりは、また元気に登校できるようになるために通る道なのに、このような偏見を持たれてしまうのはとても不憫《ふびん》です。

遅刻や早退、欠席をしても頑張って登校し続けるのはとても大変なこと。そういう状況にいる子どもの姿を否定的に見るのではなく、どんな試練も乗り越えられるヒーローやヒロインのように勇敢に目の前の試練に立ち向かっているのだと捉えてほしいです。

そして、「のちのちこの経験が社会の役に立つ力になるよ」「今の努力は必ず報われるよ」と、しっかり言葉にして子どもに伝えていくことが重要です。

専門家の方々は、親子へのサポートが終了すれば何の責任も負う必要はありませんが、親はそうはいきません。

子どもが不登校から引きこもりになってしまったとしても、親は責任を持って面倒を見る必要があります。不登校で勉強が遅れてしまった分を補う塾に通わせることもあるでしょう。何しろあらゆる面で支援が必要ですし、お金もかかります。

そもそも「不登校」とは、「行きしぶり」とは

ここで、不登校や行きしぶりとはどんな状態を指すのか、あらためて見ていきましょう。

文部科学省が公表している「不登校の現状に関する認識」では、「不登校児童生徒」とは「何らかの心理的、情緒的、身体的あるいは社会的要因・背景により、登校しないあるいはしたくともできない状況にあるために年間30日以上欠席した者のうち、病

気や経済的な理由による者を除いたもの」と定義しています。

行きしぶりとは、学校に行くのを嫌がったり、行きたくない素振りを見せる状態を差します。五月雨《さみだれ》登校とは、学校に行ったり行かなかったりを繰り返す状態を差します。

本書では、行きしぶりを、頭では「学校に行きたい」と思っていても身体が動かずに行けない状態など、登校できない何らかの原因があり、安定して学校に行けていない状態と定義します。具体的には、

●「先生が怖い」「教室がうるさい」などの不安を訴えて行けない
●「お友達が嫌なことを言う」などの対人トラブルで行けない
●お腹が痛い、頭が痛いなどの身体症状で行けない
●「テストで悪い点を取るかもしれない」「みんなの前で発表しなければいけない」など、自信のなさから周りの目を気にして行けない
●通常の授業が特別授業で変更になり、いつもと違う学校の雰囲気が嫌で行けない
●移動教室や運動会などの学校行事が苦手で行けない

このような状態でも遅刻、早退、欠席を繰り返しながらも何とか登校できている状態を差します。

行きしぶりや五月雨登校は、不登校になる前に起こるイメージが強いかもしれませんが、一度不登校になると、再登校後も行きしぶりや五月雨登校の状態が続きます。不登校になる前の元気な姿で登校できるまでには、数年単位の時間がかかることもあります。その間、たくさんの問題や難題を乗り越える必要があるのです。

再登校がゴールではないと知ってください

先にも述べましたが、再登校できれば問題がすべて解決するわけでは決してありません。

むしろ、不登校の状態から再登校するようになってからが正念場です。再登校は、これから始まる長い長いマラソンのスタート地点にやっと立てたようなものなのです。

息子が不登校になったころ、情報を手に入れようと思っても、どの情報が有益なのか分からず、不登校ビジネスの食い物にされてしまうのではないかと不安でした。「不登校の子どもが短期間で再登校できるようになります」などと謳《うた》っている不登校ビジネスの費用は高額で、再登校の定義は会社によってまちまち、支援内容も違います。

こういった支援ビジネスに申し込み、たとえ数日間学校に通えたとしても、不登校は再発率が高いので再度不登校になるリスクも非常に高いことを知っておきましょう。高い金額で支援を受けても、不登校に逆戻りしてしまう場合が多いのです。

息子が登校できなくなってから、私は不登校に関する本をたくさん読み漁りました。そのなかで、とある一冊を読んで感銘を受け、提唱されているトレーニングを受けたところ、息子は2カ月で登校し始めました。

こう言うと、たった2カ月で不登校からすんなり卒業できたのか！　すごい！　と思われるかもしれませんが、実情はそうではありません。

再登校はしたものの、またいつ不登校に戻ってもおかしくない様子のまま、鉛のように重たく疲れ果てた身体を引きずって、遅刻や欠席を繰り返しながら何とか登校していたに過ぎなかったのです。この状態が「再登校できた」と本当に言えるのでしょうか？

今痛感するのは、不登校よりも再登校し続けることのほうが本当に大変だったということです。

正直言うと、不登校のときのほうが勉強をする時間も取れていたと思います。もちろん、不登校のほうがいいと言いたいわけではありませんが、再登校し始めると学校に行くだけで疲れてしまうので、勉強に取り組む余裕まではありませんでした。

学校から疲れてイライラして帰宅し、家族に八つ当たりをすることも多く、不機嫌なままゲームやＹｏｕＴｕｂｅなどに没入します。

親は電子機器依存になるのを恐れ、あまり触らせないようにしようと口うるさく怒ってしまいがちですが、親が心配すればするほど、子どもはさらに電子機器に執着していきます。

親の私がＮＬＰ心理学を学んだ理由

学校に通っていれば、どんなに疲れていても宿題はやらないといけないし、定期試験前には勉強をしなければならないという〝常識〟のなかで生活することになります。

不登校になる子は真面目で繊細であるがゆえに完璧主義で、「０か１００思考」が強く、失敗を恐れる子が多いもの。「宿題が終わっていないから学校に行けない」「試験勉強をちゃんとしておらず良い点を取る自信がないから学校を休む」「遅刻したからもう学校に行けない」……理由は子どもによって異なりますが、何らかの強いこだわりがあって登校できなくなるケースがよくみられます。

再登校すればお友達関係での悩みも出てきますし、「特定の曜日は登校できない」「特定の教科の授業には出られない」などの、不登校のときとはまた別の問題がたくさん起こります。

息子もそうでした。何かスッキリしないまま、大切な時間だけが流れていく——この状況を一刻も早く抜け出して、わが子を何とか元気にしてあげたいと私は思っていました。

先述の、私が受講していたトレーニングは、ある程度の方法は示されているものの、ほとんどのことは「親の勘でやりなさい」と指示され、「そもそも親の勘があったら息子は不登校になっていないんだよなぁ」と、疑問を感じていました。

自分が知らないことは、いくら親の勘を働かせたところで教えてもらわないと分からない。子どもの成長はあっという間だから、親の勘というあやふやなものに頼って無駄な時間を費やすのはもったいないのではないか？　とモヤモヤしましたし、子どもがハマる電子機器に関しての言葉がけについても疑問を感じることが多く、「本当にそんな言い方で大丈夫なの？」と心配でした。

こうして出口の見つからない日々のなかでもがき、もっといい方法があるのではないかと探しに探した末、私がたどり着いたのは「ＮＬＰ」でした。

ＮＬＰは、コミュニケーション方法を学ぶ心理学として広く知られています。他者と良好な関係性を築くスキルを学び、子どものエネルギーになるコミュニケーション方法を実践していくことで、問題解決に大きな効果を発揮します。

ベトナム帰還兵のトラウマ治療においても非常に高い成果をあげているＮＬＰは、別名「脳と心の取り扱い説明書」と呼ばれています。脳科学などを取り入れ、卓越したセラピーのスキルとして体系化されているので、多くの人が実行しやすい特性があります。

「どうすれば息子を元気にしてあげられるんだろう？」

「息子を救ってあげるにはどうしたらいいんだろう？」

「元気に学校に通っている息子の姿が見たい！」

わが子を幸せにしたいという強い思いに突き動かされ、私は一心不乱に学びました。

そして、受講者のなかで熟練したスキルを持つトップ１％だけが取得できる「ＮＬＰヘルスサティフィケーション」という資格を取り、心と身体の健康にアプローチできる方法を身につけました。

このような学びや実践的に会得したスキルをもとにカウンセラーとなった私は、これまで不登校や行きしぶりの子どもに悩まれている延べ３０００人の親御さんにカウンセリングをしてきました。

かつての私たち親子と同じように苦しんでいる皆さんを救いたいと、現在も活動を続けています。

●最も大事なのは親から子への「言葉がけ」を変えること

ＮＬＰに基づく子どもへのアプローチで最も重要なのは、親からの普段の「言葉がけ」です。効果的な言葉がけによって、子どもにも親にも変化が起こります。

●夏休み中、無気力で学校に行けなくなるかもしれないと心配していたが、新学期初日の朝、早起きして登校した。

●元気がなくなり、毎日イライラして遅刻ギリギリで登校するか、完全に遅刻するかを繰り返していたのに、早めに登校準備をして笑顔で登校することができた

●修学旅行に行けるか心配していたが、無事に修学旅行に行って楽しそうに帰宅した

●不登校や自傷行為、幻覚症状に悩まされて入院直前だった高校生の問題行動が減り、入院の必要もなくなって登校し、その後、受験勉強に専念して希望大学に合格

●子どもが学校に行きたがらず、玄関で癇癪《かんしゃく》を起こされると、親のほうがイライラして怒鳴ってしまいそうになるなど親子で悪循環に陥って困っていたが、心に余裕を持てて、子どもが登校できるまで笑顔で見守ることができた

●受験や進学のことを考えると怖くなって固まってしまう子どもに、話し方を変えて接したところ、終始穏やかに前向きな話し合いができた

これらは言葉がけによる効果のほんの一例です。

本書でご紹介する言葉がけのスキルを親が身につけておけば、子どもの心の状態が

落ちてしまったときに助けてあげることができます。不登校支援ビジネスなどに頼むのではなく、わが子を親自身の力で救ってあげられます。そして子どもは学校に通いやすくなっていくのです。

詳しい経緯は本文でお伝えしていきますが、私自身が言葉がけを変えたことで、息子は元気とエネルギーを取り戻し、再び楽しく学校に通えるようになりました。

実際にわが子の不登校や行きしぶりを体験したことのない〝専門家〟には、渦中にいる親子の本当の苦しみは分かりません。

当事者でなければ実感できないあのつらさを体験し尽くした母親である私が、息子と共にどん底から抜け出すため、必死に、徹底的に実践してきた言葉がけのノウハウを、本書ではすべてお伝えしていきます。

子どもの生まれ持った性格や特性、思考のクセをすぐに変えることはできません。身体症状を抱えている場合はなおのこと、完全に回復するまでに時間がかかります。再登校するようになっても、通学や学校生活が強いストレスとなり疲れ果て、エネルギーが切れてまた行けなくなってしまうことも多々あります。

弱っている子どもは、「もう学校には行きたくない」「学校をやめたい」などと、親が心配になるような言葉を口に出すでしょうが、心や身体の状態が落ちているときに言うことを真に受ける必要はありません。

心の状態が回復すると、子どもは自然と学校に行きたくなります。だからこそ、調子が良くないときには大きな決断をしないことが重要です。心も身体も元気になってから、「本当はどうしたいのか」を子ども本人がその時点で決めたらいいのです。

登校状態が安定しないと不安になると思いますが、決して焦らず、心を込めて本書の言葉がけを続けてほしいと思います。子どもが悲観的に嘆いたり、自暴自棄なセリフを言ったりしても、

「この子は、今はそう思っているけれど、次の瞬間はどうなるか分からない」

親はこのように達観した感覚を持つことが大切です。

大人でも、ご機嫌な日もあれば落ち込む日もあります。会社を辞めたいとか、もう何もかも全部捨ててしまいたいと思うことだってありますよね？

でも元気になれば「もう一度頑張ろう！」と思えるし、気持ちが上向きなときはネガティブな考えも浮かばないでしょう。大人だって気分に左右されるのですから、子どもが揺れ動くのは当然なのです。

子どもの心身の状態は何度でも落ちます。一日のうちにも上がったり下がったりを繰り返します。親はこうした不安定さに都度振り回されるのではなく、ドンと構えて、信じて見守りましょう。

お子さんに効果的な言葉がけを続けていけば、今、苦しんでおられる親御さんも、1カ月後、3カ月後、半年後と、少しずつ楽になっていきますよ。1年後、2年後、3年後にはきっと笑い話になります。さあ、一緒に乗り越えていきましょう。

富永愛梨

目次

毒になる言葉↓薬になる言葉

ステップ 2

子どもを安心させる

――「リフレーミング」で見方を変える

ステップ3 子どもを認める・ねぎらう・ほめる

――動けない子に「言葉のエネルギー」を注ごう

毒になる言葉→薬になる言葉

カバー・本文イラスト……こやまもえ
本文デザイン・DTP……岡崎理恵
編集協力……会田次子
企画協力……ネクストサービス株式会社　松尾昭仁

ステップ 1

子どもの本当の気持ちに気づく

――その行動の裏にある「肯定的意図」を知っていますか

そのネガティブな行動の裏に、子どもの本音が隠れている

不登校や行きしぶりを気合いや根性で変えようと思ってもなかなか変えることはできません。また、意識して変えられるものでもありません。

意思の力ではこれらの行動を変えることはとっても難しいのですが、ＮＬＰの『肯定的意図』を活用することで改善することができるようになります。

『肯定的意図』とは、一見、ネガティブな考えや行動の根っこの部分にある、本当に望んでいるポジティブな想いのことを言います。

たとえば、登校前にお腹が痛くなってトイレから出られずに苦しんだり、夜更かしをして朝起きられないなどの行動。無意識にしていることなので、なかなか気づくことは難しいのですが、これらの行動をする心の根っこには「本当はこうなりたい」「本当はこうなることを望んでいる」という本当に望んでいるポジティブな想いが隠され

ています。

子どもの「登校前にお腹が痛くなる」という行動を取る目的は何だと思いますか？　お腹が痛くてトイレから出られないと、学校に行かなくてすみます。そして、学校に行かなくてよくなると怖い思いをしなくていいので、「安全・安心」を守ることができます。

この「安全・安心」が『肯定的意図』です。**子どもは無意識に、「安全・安心」を手に入れるために、「登校前にお腹が痛くなる」という行動を取っているのです。**

不登校や行きしぶりなどの悪循環やネガティブな行動を、お風呂のゴムパッキンの黒カビにたとえると、分かりやすいかもしれません。

お風呂場のゴムパッキンの黒カビは、表面だけをきれいに掃除してもしつこい根っこのカビの除去まではできませんよね。すぐに、また黒カビが発生してしまいます。

黒カビを防ぎたいのであれば、しっかりとその根っこまで除去する必要があります。

同じように、「学校に行かない」ことだけに着目して行動をいくら改善させようとしても、「学校に行かない」という行動の心の根っこの「安全・安心」が手に入らなければ、再度学校に行けなくなってしまいます。

不登校や行きしぶりなどの悪循環やネガティブな行動の根っこを見つけないと、何度も同じことを繰り返してしまうことがお分かりいただけたでしょうか。

悪循環やネガティブな行動は無意識にしているので、子ども自身もなぜそのような行動をするのかまったく分からない状態です。目の前の子どものネガティブな言動にばかりに気を取られてしまって表面的な対処をいくらしても、根っこの部分は何も変わりません。

表面的な対処しかできていないから、せっかく不登校から再登校ができたとしても、不登校の再発率が70～80％と高いのだと考えられます。

不登校や行きしぶりになってしまう悪循環やネガティブな行動の心の根っこが『肯定的意図』になります。

『肯定的意図』で、子どもの心の根っこの部分に気づき、子どもの心の深い深い根っこの部分に寄り添いケアしてあげることで、不登校や行きしぶりなどの悪循環やネガティブな行動は改善していくでしょう。

子どもの困った言動にイライラしたり、心配したり、不安になったり。「もっと頑張れるでしょ！」と子どもに対して過剰な期待をしてしまい、ネガティブな感情をダイレクトに伝えてしまうことがあります。それが子どもには毒になる言葉となり、より子どもを傷つける原因になってしまいます。

しかし、子どもの『肯定的意図』に寄り添い言葉がけを変えていくことで、その毒になる言葉を、薬になる言葉に変えることができます。

まずは、自分の肯定的意図を探ってみよう

『肯定的意図』とはどのようなものなのかを知るために、まずは親自身の言動（イライラや不安）の『肯定的意図』を探ってみましょう。

あなた（親）の改善したい行動の『肯定的意図』を探るために、

「それをすることで何が得られるかな？」

「それをすることで何が手に入るかな？」

「それをすることでどんな気持ちになるのかな？」

これらの質問を何度か繰り返し自分自身にしていきます。

たとえば、「朝、なかなか起きない子どもにイライラしてしまう」。この状況の肯定的意図を探ってみましょう。

●子どもにイライラすることで何が得られるかな？
　↓自分の思い通りに子どもを動かせる（行動の意図）
●子どもを思い通りに動かせると、さらに何が得られるかな？
　↓子どもに振り回されずに時間通りのスケジュールをこなせる（行動の意図）
●子どもに振り回されずに時間通りのスケジュールがこなせると、さらに何が得られるかな？

↓自分の時間にゆとりを持って過ごせる（少し深い行動の意図）
●自分の時間にゆとりを持って過ごせるとさらに何が得られるかな？
↓穏やかでいられる、リラックスできる（行動の意図からより深くなりだす意図）
●穏やかでいられる、リラックスすることでさらに何が手に入るかな？
↓平和（より深い意図）
●平和になるとどんな気持ちになるのかな？
↓幸せ（より深い意図）

このようにして『肯定的意図』を出していくと、子どもが朝起きずにイライラしてしまっていたのは、子どもに振り回されて自分の時間にゆとりを持てなかったからだと気づくことができます。

さらに、毎日を穏やかに平和に幸せに過ごしたかったんだなと、「本当はこうなりたかった」という心の根っこの想いに気づくことができるでしょう。

『肯定的意図』には、「行動の意図」と、より深い意図である「大切に思っている価値観や信念の意図」の2つがあります。

行動の意図に気づくことができたら、「自分の時間にゆとりを持って過ごせる」や「穏やかでいられる、リラックスできる」ために、イライラするのではなく、もっと別の方法はないかな？　と代替案を考えます。

たとえば、毎日朝10分早く起きて丁寧にお化粧をするなど、自分のためだけに使える時間を作ったり。大好きな飲み物をゆっくり飲む時間を作るなど、自分がゆとりを持って行動できているなと感じられるような行動をしたり。アロマを焚《た》く、深呼吸をするなど、自分自身が「穏やかでいられる、リラックスしているな」と感じられるような行動を朝の時間に取り入れ、より深い意図である「平和だな」「幸せだな」のような、心の根っこの部分とつながっていると感じられる日々を心がけていくことで、子どもが朝起きずにイライラしてしまうという悪習慣を少しずつ改善することができます。

本当に望んでいる想いに気づくコツ

何度質問を繰り返しても「行動の意図」しか出てこない場合があります。

『肯定的意図』は心の根っこの深い部分の想いに気づくことを目的としています。そのため、「行動の意図」だけを出しても本当に望んでいる心の根っこの想いにまで気づくことはできないので、問題行動を改善することができません。

「行動の意図」と「より深い意図」は切り離すことがとても大切です。

「子どもに遅刻・欠席させないで学校に行かせたい」を例にしてみましょう。

●子どもに遅刻・欠席させずに学校に行かせることで何が得られるかな?

↓遅刻をしなくなれば内申点が良くなり、進路を決めるときに有利になる（行動の意図）

●進路を決めるときに有利になると、さらに何が得られるかな？
↓第一志望の学校に合格できる（行動の意図）
●第一志望の学校に合格できたら、さらに何が手に入るかな？
↓良い教育を受けさせてあげられる（行動の意図）
●良い教育を受けさせてあげられたら、さらに何が手に入るかな？
↓有名大学に進学できれば就職に有利になる（行動の意図）
●有名大学に進学し就職が有利になると、さらに何が手に入るかな？
↓環境が変わるとつきあう人が変わり、良い人脈が増える（行動の意図）
●良い人脈が増えると、さらに何が手に入るかな？
↓子どもの将来が安泰になる（行動の意図）

このような思考に陥ってしまうと、行動の意図の無限ループから抜け出せなくなってしまいます。

そんなときは、

「子どもがそれをすることで、私は何を手に入れているんだろう？」

「子どもがそれをすることで、私は何が得られているんだろう？」

「子どもがそれをすることで、私はどんな気持ちになれるんだろう？」


と、子どもと自分を切り分けた質問に変えることで、自分自身の本当に望んでいた「行動の意図」よりも深い意図に気づけるようになるでしょう。

●子どもの将来が安泰になったら、あなたはさらに何が得られるかな？
↓親の役割が果たせる（行動の意図）
●親の役割が果たせたら、あなたはさらにどんな気持ちになれるかな？
↓親としての充実感や達成感（より深い意図）

このようにして、自分自身の「行動の意図」である「親としての役割が果たせる」別の方法を実践したり、自分自身が充実感や達成感を感じられるような行動を見つけ日々取り組んでいく。そうすることで、「子どもには遅刻・欠席させずに学校に通わせたい」という親の欲を抑えることができ、子どものペースで登校できるように支えてあげられるようになるのです。

「この行動をとることで何が得られているんだろう?」と考えていくと、イライラや心配、不安に感じていた心の根っこの部分に気づけます。

本当は安心したくてしていた行動だったはずなのに、実際は真逆の行動をとっているなんてこともよくあります。

心の根っこの部分で望んでいることと、実際の行動が異なっているときは、「他のやり方で安心できる方法はないかな?」などと代替案を探していくことで、イライラしたり不安になったり、心配したりせずにドンと構えて子どもと向き合えるようになります。

肯定的意図は、自己承認、愛、健康、自己防衛、成長、自由、安心、一体感、調和、そのままで大丈夫、などがあります。

直感的に浮かんできたもの、短い言葉で表現できるもの、感覚的なものや頭の中に浮かんできたイメージでも大丈夫です。

それでは、この方法を使って、子どもの困った行動から肯定的意図を探っていきましょう。

その行動に対する声かけ例を、子どもの「毒になる言葉」「薬になる言葉」として対比してご紹介します。

私はよくお母さん、お父さんに、

「親の言葉は、不登校・行きしぶりのお子さんの一番のお薬ですよ」

とお伝えしています。

ぜひ、お子さんをつらくする毒になる言葉ではなく、薬になる言葉をかけてみてください。

★朝学校に行こうとすると、お腹が痛くなる

毒になる言葉「まだトイレから出られないの？ また今日も遅刻しちゃうじゃない！」

↓

薬になる言葉「身体の中の悪いもの全部出せて、よかったね」

「学校に行こうとするとお腹が痛くなること」の根っこの想いを探ってみると、お腹が痛くなると学校に行かずにすみます。学校に行かなくてよくなると怖い思いをしなくていいので、自分の「安全」や「安心」を守ることができます。

つまり、「安全」「安心」を手に入れるために無意識的に学校へ行こうとすると、お腹が痛くなっていると考えられます。

「安全」「安心」を手に入れるために、自分の身を守る腹痛の症状が出ているのに、「また、お腹が痛いの？」

「ちょっとお腹が痛いからって大げさな。気にしすぎよ」

「お腹が痛くなったら学校のトイレを使えばいいじゃない。早く学校に行きなさい！」

「いつまでトイレにこもっているの？　早く出てきなさい！」

「そんなの気の持ちようよ。お腹温めれば、すぐに治るわよ！」

「学校に行きたくないからって、お腹痛いふりをするのはやめなさい！」

このような言葉がけをしてしまうと、子どもは「安全」「安心」をいつまでたっても感じることはできません。子どもを急《せ》かさず、余計な言葉をかけず、見守る姿勢が大切です。

子どもが心配だとアレコレ口うるさく言ってしまいがちですが、グッと堪えます。

そして、子どもがトイレから出てきたら、

「トイレの水を流すときに、不安な気持ちや怖い気持ちも全部水に流すことをイメージするとすごくスッキリするよ」

「登校途中にお腹が痛くならないように、先の見通しを立てて行動する力があるんだね。腹痛が治ると安心して登校できるね」

「あなたは体調管理する力があるんだね」

「さっきまでお腹が痛かったのに少しずつ体調が良くなってるね。回復力がすごくあるね」

こんなふうな言葉がけに変えると、「お腹が痛くなっても大丈夫」と安心することができます。

腹痛をネガティブに捉えるよりも、腹痛は「自分のことを守ってくれている」「無理しすぎていないかを教えてくれている」ものだと捉えられるようになると、子ども自身が腹痛と上手につきあえるようになります。

学校は「安全」「安心」なところだと感じられるようになれば、自然と腹痛は少しずつなくなります。

★登校前に玄関で靴を履こうとうずくまったまま動けなくなってしまう

毒になる言葉

「早く靴履いて学校に行かないと遅刻するよ！
うずくまっていても学校に行けないでしょ？
いつまでそうしているつもり？」

薬になる言葉

「玄関に座って気持ちを整えているんだね。
学校に行くエネルギーを充電しているんだね」

登校前に玄関で靴を履こうとうずくまったまま動けなくなってしまう肯定的意図

↓座ることで少し落ち着く

↓先の見通しを立てられる

↓学校に行く心の準備ができる、気持ちを整理できる

↓学校に行く勇気が出る

↓自信

学校に行こうとすると、不安になったり怖くなったりして足がすくんで動けなくなってしまい、玄関で固まってしまうことはよくあるかもしれません。

学校に行けないわが子を見ると、親のほうも不安になったり心配になったりしてしまいますが、親が不安になると子どもも何倍も不安になってしまいます。

「座ると少し落ち着くよね」

「学校に行く心の準備をしているんだね」

と子どもに伝えると、言葉がけをしている親自身も落ち着いて安心することができます。

子どもにかける言葉は、親が不安になる言葉ではなく、言葉がけをしている親自身も安心できるような言葉を意識してかけていきましょう。

★お風呂や歯磨きをするまでに時間がかかる

毒になる言葉
「いつまでもダラダラしてないで、さっさとお風呂に入りなさい!」

↓

薬になる言葉
「かなり疲れているんだね。今日も一日本当によく頑張ったんだね。お風呂どうする?」

お風呂や歯磨きをするまでに時間がかかる肯定的意図
↓ゆっくり過ごせる時間を確保できる
↓身体を休められて疲れがとれる
↓リラックス

好きこのんでお風呂に入らないわけでも、だらしないから歯を磨かないわけでもなく、今はまだそれらのことができないくらいに身体がつらくて動けない状況であることを理解してあげることが大切です。

身体をきれいに保ちたくても保てずに気持ち悪い思いをしているのは子ども自身です。

ダラダラ寝転がっている子どもから「歯ブラシ取って！」とお願いされたら、

「それくらい自分で取りなさい！」

「甘えないで！」

などと言ってしまいがちです。

でも、快く歯ブラシを持ってきてあげて、

「どんなに疲れていても歯磨きをして自分を清潔に保つ力があるんだね」

「自分自身を大切にケアできるって素晴らしいね」

と、今、子どもができていることを認めてあげます。

★テストを受けられない

毒になる言葉

「試験を受けないと大変なことになるよ！こんなこともできなくて、将来どうするの？大事なことから逃げてばっかりだと逃げ癖がつくよ！」

↓

薬になる言葉

「今日はまだ試験を受ける準備が整っていなかったんだね。これから少しずつ試験に慣れていこうね」

テストを受けられない肯定的意図

↓悪い点を取らなくていい
↓できない自分を証明しなくていい
↓完璧な自分でいられる、自分のプライドが守れる
↓自己防衛

完璧主義の子は、テストで100点を取る自信がないからテストを受けない、失敗

を絶対に許せないといった極端な「0か100思考」に陥りがちです。

中間試験や期末試験を受けられないと親としてはかなり不安になりますが、今のうちに「0か100思考」をゆるめられるような経験をたくさんしていくことのほうが大切です。

「試験を受けられた」

「テストの点数が悪くてもお母さんに怒られなかった」

「失敗したら世界が終わるかと思っていたけど、なんともなかった」

このように自分に課していた制限をゆるめて「なんとかなる」「まあ、いいか」と子どもが思えるような言葉をかけていきます。

「0か100思考」が強く、せっかく受験勉強をしても合格する自信がないからと入学試験を受けられない子も多くいます。

進学に関わる重要な試験を受験できずに親子で悲しい思いをすることがないように、少しずつ完璧主義を手放していけるような言葉がけをしていきましょう。

★「遅刻したから、もう学校に行けない」と欠席する

毒になる言葉
「誰もあなたのことなんて気にしてないんだから、遅刻しても学校に行きなさい！」

薬になる言葉
「みんなに気づかれないように、休み時間の慌ただしさに紛れて教室に入ろうか？」

遅刻をして学校を欠席する肯定的意図
↓遅刻をして教室に入らずにすむ
↓みんなから見られない、好奇の目で見られない、悪口を言われない
↓恥をかかなくていい
↓自分を守れる（自己防衛）
↓安心

「0か100思考」が強い子は、1つでも自分の決めた通りに事が進まないと、学校

へ行けない子がいます。ちょっとでも遅刻をしてしまうと、もう学校に行けません。テストを受けられないときと同じように、完璧にこだわる傾向があり失敗をすることを極端に恐れています。

周りからどのように思われているのかとても気にしている子に、よかれと思って、「あなたのことは誰も気にしていない」と言っても、子どもを傷つけるだけ。理想とする姿がとても高くプライドも高いため、プライドをへし折るような言葉をかけては子どもが余計に傷つくだけです。

完璧主義の子は、責任感が強く妥協をしない子が多いと思いますので、時間通りに支度ができず遅刻したことを自分自身で責めてしまうかもしれません。

「遅刻することもあるよね」「また明日頑張ればいいよね」「遅刻しても登校できたね」と子どもの気持ちを切り替えられるように、

「失敗できたのはあなたがチャレンジしたからだよ。あなたは勇気あるチャレンジをしているんだね」

と子どもの頑張りを認めていきます。

NLPでは、**「失敗はない、フィードバックがあるだけ」**という前提があります。

「今回遅刻したことで、どんなフィードバックを手に入れたのかな？」と失敗を怖がるのではなく、未来の糧に変えていくことが大切です。

★「学校が怖い」「先生が怖い」「教室がうるさい」と学校を嫌がる

(毒)になる言葉

「なんで先生が怖いの？　何か嫌なことやひどいことをされたの？　教室がうるさいって学級崩壊でもしてるのかな。お母さんが先生に連絡してあげるから大丈夫よ！」

←

(薬)になる言葉

「学校が怖いと感じているんだね。どうして学校が怖いと思ったの？　学校が怖いって気持ちをお母さんに伝えてくれてありがとう。お母さんに何かできることあるかな？」

学校を怖がり嫌がる肯定的意図

↓被害者でいれば誰かに守ってもらえる
↓気遣ってもらえる、大切に扱ってもらえる
↓愛されていると実感できる
↓承認欲求が満たされる
↓自信

本人は気づいていませんが、無意識化では「被害者でいれば守ってもらえる」「自分から動かなくても助けてもらえる」「かわいそうな存在だと周りから大切に扱ってもらえる」という恩恵を受けています。

自分は愛されていると実感できると、自分は大切な存在、特別な存在なんだと自信が持てます。

苦手なことや嫌なこと、新しいことにチャレンジするときはとても勇気がいります。現状のままでいればストレスや不安を感じずに過ごせるし、慣れ親しんだ安全な場所に留まり続けられるので居心地よくいられます。

現状を変えようと行動するのはとても大変ですし勇気がいるので、誰かのせいにしたり何かと理由をつけて現状のままでいようとするのです。

子どもの「したこと・できたこと」を認め、ありのままのあなたに価値があると伝えていくことで、自分は大切に扱ってもらえている、愛されていると実感し、自信が持てます。自信が持てれば現状を変える勇気を持てるようになります。

★髪がどんなに伸びても美容室へ行きたがらない

(毒)になる言葉

「髪が伸びて、みっともないよ！面倒がらずに、さっさとカットしてきなさい！」

(薬)になる言葉

「髪の毛が切りたくなったら切ったらいいよ。予約してほしいとか何かお手伝いできることがあれば声かけてね」

美容室へ行かない肯定的意図

↓美容師さんに質問をされなくてすむ
↓学校のことや部活、進路などについて質問に答えなくていい
↓できない自分を再確認しなくてすむ
↓現実逃避し続けられる
↓今の自分を守れる（自己防衛）

現実逃避していたのに、鏡の前に座り、自分の現状を答えないといけないのがとて

も苦痛に感じる。客観的に今の現状を再確認させられてしまい、とてもつらくなってしまうようです。

髪が伸びてみっともないからと無理やり美容室へ連れて行くのではなく、子ども自身が髪を切りたいと思えるまでジッと待ちます。

心境の変化があると髪を切りたくなるので、子どもが動き出そうとするときのサインになります。子どもが美容室へ行くまでにかかるまでの時間は、心と身体の状態を知るバロメーターにもなります。

絶対に髪を切りたくない状態から、「そろそろ髪を切りたいな」と口に出してから実際に髪が切れるまでに数カ月かかり、「髪を切りたい」と思ったらすぐに行動を移せるようになり、「どんな髪型にしようかな?」とおしゃれを楽しんで美容室へ通えるようになります。

★部屋の掃除をしない

毒になる言葉
「さっさと部屋を掃除しなさい！
本当にだらしないんだから……」

薬になる言葉
「お部屋のことは全部任せるね。
もし何かお手伝いできることがあったら言ってね」

部屋の掃除をしない肯定的意図
↓掃除をする時間を別のことに充《あ》てられる
↓やりたいことができる
↓自由、開放感

他には、どれだけ部屋を汚せるのか楽しんで、部屋が汚くなればなるほど達成感や充実感を感じたり、大掃除をしたときのスッキリ感を同時に楽しんでいたりします。
実は、部屋を汚すのも掃除をするのも同じくらい達成感を得ているのです。

部屋の中に空《から》のペットボトルをたくさん捨てずに放置していたり、ゴミ箱のゴミを芸術的に積み上げることを楽しんでいたり、どこまで汚い部屋で我慢して過ごせるか自分との勝負をしていたり。親からすると信じられないようなところで、楽しさややりがいを見つけていたりします。

親が無断で部屋の掃除をしてしまうと、子どもの楽しさや、やりがいを奪ってしまいかねません。そのため、どんなに部屋が汚くても子どもの許可なく掃除をせずに、部屋の掃除は子どもの自主性に任せてしまったほうがいいかもしれません。

子どもの部屋のすべてを任せると、自分で掃除もするようになります。そして自分の部屋を自由に使えるようになると、好きなように模様替えをしたり、欲しい家具を買い足したりして大切に部屋を使うようになります。

髪を切るときと同じように、子どもの心境に何か変化があったときに大掃除をしたり、心と身体の状態が下がっているときは部屋の掃除ができなかったり、部屋がきれいなときは心と身体の状態が上がっているなど、部屋の汚れ具合も子どもの心と身体の状態を知るバロメーターになります。

★夜更かしをして朝起きられない

毒になる言葉

「夜いつまでも起きてるから朝起きられないのよ！
昨日は遅刻しないで学校に行くって約束したよね？」

↓

薬になる言葉

「夜眠れないの？　もし学校に行くことを考えると不安になるなら、お母さんが寝つくまでそばにいるよ。マッサージするとリラックスして眠れるようになるから試してみる？」

夜更かしをする肯定的意図

↓寝てしまうと一瞬で明日が始まってしまうから、夜寝ないで登校に備えている

↓心構えができる

↓学校に行けるかもと思える

↓気持ちが少し楽になる

↓安心

前日は学校に行けそうな気がすると話していたのに、朝になると起きられず、起こすとイライラして不機嫌になる。

夜寝る前に不安になってしまい、この不安を引きずったまま寝てしまうと朝の寝起きが悪くなる場合があります。

夜寝る前に、マッサージをしながら子どもの嫌な気持ちを全部吐き出させてあげると、子どもはリラックスして安心して眠りにつくことができます。そうすると、学校へ行く心構えができたまま朝を迎えられるので寝起きが良くなり、学校に行ける確率が上がります。

★寝てばかりいる

毒になる言葉

「寝てばかりいて大丈夫なの？　どこか悪いんじゃないの？　一度病院へ行って詳しく調べてもらったほうがいいんじゃないの？」

薬になる言葉

「今日も一日すごく頑張ったんだね。お疲れさま。少しずつ体力がついてきたね。身体を休める力があるね」

寝てばかりいる肯定的意図
↓身体を休められる
↓体力を回復できる
↓健康

学校に通い始めると、登校するだけで驚くほど体力を使います。学校から帰宅すると疲れ果てて、寝てばかりいる場合もあるかと思います。

「少しずつ体力がついてきたね」

「スゴイ回復力だね」

「帰宅後にできることが増えてきたね」

「食欲が増したね」

「宿題に取り組めるようになったね」

など、ほんのわずかなことでも、子どもの体力がついて、できることが増えたことを具体的に伝えていきます。

★自室にこもり、家族とコミュニケーションを取りたがらない

毒になる言葉

「どうしたの？　学校で何かあった？
部屋にずっと閉じこもっていないで、早く出てきなさい！
ごはんできたから、みんなで食べよう！
あなたが出てこないと、家族全員で食事できないよ」

←

薬になる言葉「ごはんできたよ！　ごはんが冷めないうちにおいで」

…………………

自室にこもり、家族とコミュニケーションを取りたがらない肯定的意図

↓家族からうるさいことを言われなくてすむ

↓干渉されない

↓自分の立ち入ってほしくない領域を守れる

↓安心

部屋にひとりでこもるのは、ここから先は家族でも立ち入ってほしくないと思っているプライベートな領域が広がっているときです。

何を言っても何をしても深く傷ついてしまうような状態です。

親と顔を合わせるのが気まずかったり、親の期待に応えられずに罪悪感を感じていたり、「どうせ自分なんて……」と自分自身を強く責めてしまったり。「こんなふうになったのはお前たちのせいだ！」と家族を責めているかもしれません。

いろんな行き場のない感情を抱えて部屋にこもり、なんとか平常心を保とうとジッとしているのに、親が空気を読まずにアレコレ干渉してしまうと、子どもの神経を逆《さか》撫《な》でしてしまいます。

部屋にこもり続けるのはとても孤独ですし、とても忍耐がいることです。

早く出てきてほしいと親は心配になって、余計な口出しや求められてもいないアドバイスをしてしまいがちですが、これらの言葉は毒です。

毒になる言葉は子どもをさらに傷つけるだけなので、アレコレと口うるさく言わずにお口にチャックして、子どもが安心して部屋から出てこられるような環境作りに専念します。

子どもが部屋から出てきたら、今までリビングでワイワイ楽しそうに話していたのにピタッと会話をやめたり、なんとも言えない微妙な空気やピリピリした空気にしないこと。子どもに気を遣いすぎずに和やかに接します。

★イライラして物に当たる

毒になる言葉
「イライラするからって物に当たるのはやめなさい！」

薬になる言葉
「イライラして物に当たることで、本当は何を伝えたかったのかな？」

イライラして物に当たる肯定的意図
↓自分の強さをアピールできる
↓相手を怖がらせることで自分の言うことを聞かせられる
↓自分は正しいことを証明し、自分の立場を守れる
↓承認欲求が満たされる
↓自信

他には、物に当たることでストレスが発散でき、気持ちがスッキリして気持ちが落

ち着くからということもあるかと思いますが、とにかく自分を守ることで精一杯な状況です。

「自分はこんなに大変なのに何も分かってもらえない」

「自分は何も間違ってない！　理解できないほうが悪いんだ！」

「このつらさがお前たちに分かるわけないだろ！」

とイライラを募らせてしまっているので、「そんな甘ったれた考え方、社会に出たら通用しないよ」などと子どもを正論で否定しないこと。子どもの気持ちにしっかり寄り添って、まずは認めていきます。

子どもが落ち着いて話を素直に聞ける状態になってから「物に当たるのはよくないよね」などと注意をしてください。

「うちの子の肯定的意図は何だろう？」と観察してみよう

以上、ご紹介した『肯定的意図』のケースは、よくある子どもの例をもとに挙げています。

お子さん一人一人『肯定的意図』は異なりますので、「うちの子の悪循環やネガティブな行動の『肯定的意図』は何だろう？」とお子さまをよく観察してみることをオススメします。

不登校や行きしぶりをしている子どもたちは、音や光にやたらと敏感になったり、アトピー症状がひどく身体をかゆがったり、腹痛や頭痛などの身体症状が出たりするだけではありません。周りの目を異常に気にするようになったり、不安症状が強くなったりと心もかなり繊細になっています。

そのため、通常だったら気にしないようなささいなことや、軽く受け流せるようくなことにも過剰に反応してしまい、ネガティブなこととして受け取り、深く傷ついてしまいがちです。

ありとあらゆるすべてのことに対して感覚が鋭敏になっており、まるで全身傷だらけのような、とてもセンシティブな状態です。

外部からストレスを受けたり、自分で自分を責めたりしてしまうたびに傷口に塩を塗り込められているような痛みを感じていて、そんな痛みから自分自身を守るだけで精一杯な状態なのです。

そして、心や身体の状態が常にマイナスな状態だから、さらにマイナスになるのは避けたいと思っています。

感情の浮き沈みが激しいと、心も身体も疲弊してしまいます。だから、イライラしたり落ち込んだりして気持ちの波をなるべく作らないように、感情の起伏を最小限に抑えられるようにと、子どもたちも自分自身を守るために必死で頑張っているのです。

このように傷つきやすい繊細な状態の子の日々の生活の肯定的意図を探っていくと、

心の根っこの、さらに根っこの部分では、「自分を守りたい」という想いを強く持っています。

子どもの反抗的な態度やイライラ、落ち込み、無気力、愚痴……。それにつきあう親はとても大変ですが、子ども自身も自分の気持ちが分からなかったり、モヤモヤやイライラなどの気持ちを言語化ができずに悩んでいたり。自分の感情を上手にコントロールできずに苦しんでいます。

子どもが自分自身を守るために必死でしている行動は、親から見ると困った行動のように見えます。しかし、子どもの肯定的意図を探って子どもを見てみると、「子どもは今、自分が持てる精一杯の力を使って頑張っているんだな」と愛おしく思えるかもしれません。

登校すると、たくさんの試練が待ち受けています。苦手な教科やテスト、宿題、進路、対人関係などが大きなストレスとなりますし、登校をするとやるべきことが増え、どんどん試練は大きくなります。

自分を守るためだけにエネルギーをすべて注いでいると、他のことにエネルギーを使えません。

子どもが自分のやりたいことにエネルギーを注げるようにします。

家の外でたくさんのストレスを受けてしまって心身ともに疲れ果てて帰宅しても、「家の中では守られているから大丈夫！」

「家に帰ってエネルギーチャージしよう！」

と思えるように、身体も心も癒せる場所、エネルギーが溜まる場所、心の底から安心できる場所だと子どもが実感できるような環境を整えていきましょう。

ステップ2

子どもを安心させる

――「リフレーミング」で見方を変える

子どもが見ている世界は、親の言葉がけで変えられる

ステップ1の『肯定的意図』で子どもの心の根っこの気持ちを理解することで、子どもの本当に望んでいる気持ちに寄り添った接し方や言葉がけに変えられるようになったかと思います。

ステップ2では、子どもの不安や恐怖を取り除いて安心させてあげられるように、子どもの見ている世界を言葉がけで変えていきます。

不登校や行きしぶりの子どもの不安や恐怖心が強い状態を、出口も分からないお化け屋敷の中をビクビクしながら手探りで歩いているようなものだとイメージしてみてください。

真っ暗闇で、何が起こるのかまったく先が見えないお化け屋敷の中を歩くのは、とっても怖いですよね。

しかし、お化け屋敷は暗いから怖いのであって、電気をつけて明るくしてしまえば、どこにお化けが隠れているのか、どんな仕掛けがあるのか見えるので、途端に怖くなくなります。

真っ暗闇のお化け屋敷の中で、子どもと一緒に目の前のことに反応して怖がったり不安になったりしていたら、いつまでたっても子どもを救ってあげることはできません。

お化け屋敷の電気をつけて、隅々まで光を照らしてあげるとするなら、どの位置から光を照らしてあげたらいいでしょうか。

子どもと同じ視点で光を照らしたら、目の前しか照らせません。部屋の隅々まで光を照らしてあげようとするなら、子どもの頭上よりももっと上から照らす必要がありますよね。

そのためには、今までよりも、少し高い視点で物事を見ていく必要があります。

お母さん、お父さんがポカポカお日さまのようになって光を照らしてあげたら、子どもの見える世界はグッと広がります。

ポカポカのお日さまは、親の温かいまなざしと笑顔です。

子どもの見方や捉え方を変えることで心に余裕が生まれ、親はポカポカのお日さまのような笑顔で子どもと接することができるようになります。

その困った行動を「リフレーミング」してみよう

ステップ2では、子どもの困った行動をリフレーミングすることで、お母さん、お父さんは心に余裕をもって子どもと接することができるようになり、子どもの不安や恐怖を取り除いて、安心させてあげられるようになります。

出来事の枠組みを変えて、別の視点で出来事を捉え直すことをリフレーミングといいます。

同じ出来事でも捉え方を変えることで、出来事に対する感じ方を変えることができます。

子どもに身体症状が出ていたり、学校で嫌なことがあったと泣きながら訴えられたり、「明日は遅刻しないで学校に行く」と約束しても朝になると起きられずに遅刻や欠席を繰り返していると、親も心が乱れて、とてもじゃないけど笑顔でなんていられません。

しかし、このような子どもの心配な行動をリフレーミングして捉え方を変えていくことで、不安でいっぱいだった気持ちに余裕が生まれ、子どもを穏やかな気持ちで見守ることができるようになります。

子育ては真剣にやることはもちろん大切ですが、真剣になりすぎると深刻になってしまい、苦しくなります。

子育ては道のりがとても長いので、楽しむ工夫がとても重要。深刻になりすぎてしまいがちなときこそ、ユーモアを心がけて子どもと接していきましょう。

魔法の質問その1「まるで何のようかな？」

子どもの捉え方を変える質問その1は、

「まるで何のようかな？」

子どもを観察しながら、「まるで蝶《ちょう》になる前のサナギのようだ」など、「まるで○○のようだ」と想像していきます。

★長時間眠り続けてしまう

毒になる言葉
「そんなに寝てばかりいるって
どこかおかしいんじゃないの？」

薬になる言葉
「今、あなたの身体の中はものすごい勢いで
つくり替えられている最中なんだよ。
だから疲れて眠いんだと思うよ。ゆっくり休んでね」

息子が再登校をしたばかりのころ、毎日疲れ果てて帰宅し、玄関で倒れ込むこともありましたし、自分の部屋まで這っていき、朝まで一度も起きずにグッスリ眠ってしまうこともありました。

「もしかしたら病気が悪化しているのかな？」「何か悪い病気なんじゃないかな？」眠り続けている息子を見ていると、大きな不安に襲われました。

しかし、この子の身体の内側では、サナギのようにスゴイ変化が起きているのかもしれない。外からは分からないけど、身体の中身をすごい勢いでつくり替えていると

ころなんだ。きっと今は身体の中から成長しているんだろうな。この子が成長して蝶になったらどんな姿になるんだろう……。

こんなふうに子どもの成長している姿を思い浮かべると、不安は消えてなくなり、息子の眠っている姿を見ながら、成長がとても楽しみになりました。

だから息子が「こんなに長時間眠っていて自分は大丈夫なのか？」と自分の体調を心配したときも、

「あなたの身体の中は、今、ものすごい勢いで成長しているから疲れて眠いんだよ。スクスク育っている証だよ。大丈夫！」

と声をかけることで、息子も安心できたのです。

親が心配しすぎてしまうと、子ども自身も「自分の身体はおかしいのかもしれない」と不安になってしまいます。すぐに治せない病名をつけて子どもの不安を大きくさせるのではなく、「心も身体も大きく成長しているね」と子どもにイメージしやすいように伝えていきます。

ステップ1でも、「寝てばかりいる」シチュエーションをご紹介しました。同じ言葉がけばかりしてしまうと、子どもも「また同じこと言っている……。それしか言えないのかよ！」と嫌がるようになります。

日々の言葉がけに変化をつけるためにも、同じシチュエーションでも表現を変えて伝えていきましょう。

★学校から帰ると、イライラして物に当たったり、家族に八つ当たりする

(毒)になる言葉

「イライラしているからって八つ当たりするのはやめなさい！　みんな迷惑してるんだからね！」

(薬)になる言葉

「今日も一日、本当によく頑張ったんだね。お疲れさま！　おやつ食べる？」

居心地の悪い教室で授業を受けたり、勉強が遅れてしまい成績が落ちて自信を失ってしまったり、宿題が提出できずに恥をかいたり、お友達に気を遣って無理をしたり、遅刻や欠席を繰り返していることをよく思わないクラスメイトから非難を浴びたり……。登校すると、様々な試練が待ち受けています。

ただ登校するだけでもものすごく体力を使うのに、学校でたくさんのストレスを受けてしまい、気力も体力も使い果たしてしまっています。

私には学校から帰宅した息子が、激戦地から帰還した兵士のように見えていました。子どもが不登校から再登校したお母さん、お父さん方の多くが「帰還兵のようだ」と子どもをたとえることが多いように思います。それほど、行きしぶりをする子どもにとって学校は過酷な環境なのです。

そんな状態でやっと家に帰ってきてホッと一息ついてゆっくりしたいのに、親からアレコレ口うるさく小言を言われてしまうと気が休まりません。行き場のないイライラを物に当たって発散したり、家族に八つ当たりしたり、現実逃避をしてゲームに熱中して約束を破ったり。「もう、いい加減にしてよね……」と思える問題行動に振り回されて大変だと思います。

それでも、イライラしている子の態度やネガティブな発言を真に受けて怒ってしまうのは得策ではありません。親としては、朝学校に送り出すだけでも大変で、朝からエネルギーをすべて使い果たしているような状態なのに、帰宅後も子どものイライラにまたつきあうなんて何の苦行かと思いますよね。

しかし、子どもが戦地から帰還した兵士だと思えば、「本当によく頑張ったね。大変だったね」と心の底から子どもの頑張りを労《いたわ》ってあげられるのではないでしょうか。

★「お友達が仲間外れにする」「勉強が遅れてしまったから受験できない」などと思春期の葛藤に悩んでいる

毒になる言葉「あなたに何か問題があるんでしょ？」

↓

薬になる言葉「今、身体と同じように心も成長しているんだね。今はしんどいけど必ず乗り越えられるよ」

お友達関係や進学のことなど、思春期の葛藤に悩み、苦しんでいる子どもの姿を見ることはとてもつらいですよね。

何かアドバイスをしたくなりますが、求められていないアドバイスは雑音になりますし、良かれと思って言ったひと言が、傷ついている子どもの心の傷に塩を塗ってしまいかねません。

「今、心も成長しているんだな。身体と同じように心も成長痛を感じているんだな」

「心も成長期なんだね。スクスク大きく育っているよ」

こんなふうにイメージをすると、子どもの話を聞いていてもハラハラ・ソワソワせずに、ドンと構えて聞くことができるようになります。

子どもが再登校をすると、親も子どもに「もっともっと」と期待をするようになります。

「遅刻しないで学校に行けるようになればいいのに」「勉強が遅れているんだから、もっと勉強して遅れを早く取り戻さないと！」「全部の教科の授業に出られるようにならないと」「受験勉強させないと大変なことになっちゃう」……。このように、少し子どもの状態が前向きになると、親の欲がムクムクと湧いてきます。

しかし、親の期待や欲は子どもにとって大きなプレッシャーとなり、少しでもプレッシャーを感じると「期待に応えなければならない」と子どもの心の大きな負担になります。

不登校や行きしぶりをする子の多くは、とても感受性が豊かで、親のわずかな表情の変化や声のトーンや雰囲気から親の心を読み取るのに長《た》けています。

そして、親の欲を感じ取ると、面白いほど動きがピタリと止まってしまいます。

親の望んでいるように、親の思い通りに子どもを動かそうとすると、せっかく開いた心のシャッターをガラガラと閉めてしまい、信頼関係が切れてしまうこともあります。

子どもは親の欲にとても敏感です。かなり敏感な親の欲センサーが搭載されているので、子どもの動きが悪いなと思ったときは、たいてい親の欲が出ているときです。

親の欲を感じさせずに、「本当にそう思っているんだよ」と伝えていくためには、声や表情、態度にまで気をつける必要があります。

これほどまでに敏感な子どもたちに、親の欲や期待、イライラ、不安を感じさせてストレスを増やしてエネルギーを奪わないように、子どもの見方を変えていきましょう。

★延々と愚痴を言い続ける

毒になる言葉
「いつまでも愚痴ばっかり言ってうるさいな！　聞いてるこっちまでイライラして気が滅入るから、やめてくれない？」

薬になる言葉
「気持ちを吐き出す力があるね。嫌な気持ちを話すと、嫌な気持ちも手放せるよ」

延々と愚痴を聞かされるほうは大変ですが、話すことで子どもは嫌な気持ちを手放すことができます。

子どもは話しながら自分の中で解決策を見つけたり、「あっ、だから学校に行けなかったんだ！」と気づけたり。話しながら思考を整理しているので、余計な口出しを一切せずに邪魔をしないで話を聞くことに徹します。

延々と愚痴を聞かされるのは正直しんどいですし、「あの学校のせいで人生がメチャメチャになった」「俺をイジメたクラスメイトは死んでも許さない」などと汚い言葉で罵ったり、泣きながら「学校が嫌だ、怖い」と泣かれてしまうと、親も不安になるかと思います。

子どもの気持ちに同調して聞いて腹を立ててしまったり、気持ちが滅入ってしまったりするかもしれませんが、怒りや悲しみの感情もとても大切な感情です。

こんなときは、**心の中に喜怒哀楽いろんな感情をお迎えするゲストハウスを作って、「ようこそ、いらっしゃいました」と、どんな感情も大切におもてなしをするようにイメージをして子どもの話を聞いていきます。**

子ども自身がそのような感覚を持つにはまだ精神的に余裕がないと思うので、親が子どもの心の中にゲストハウスを作ってあげるようなつもりで話を聞いていきましょう。


「どの感情もあなたの大切な感情だよ。あなたに大切なメッセージを伝えてくれているんだね」「怒りさんや悲しみさんは何か話を聞いてもらいたいことがあるんだね。どんなふうに癒やされたいのかな？　どんなサポートが必要なのかな？」。このような気持ちで子どもの話を聞いていきます。

子どもの話を聞き終わったら、

「気持ちを吐き出す力があるね」

「お母さん（お父さん）にその状況を分かりやすく説明する力があるんだね。自分の気持ちを言語化するってなかなかできることではないんだよ。素晴らしいね」

「自分と向き合う力があるね」

「思考を整理する力があるね」

「あなたは今とても頑張っているんだね。お母さん（お父さん）にあなたの気持ちを話してくれてありがとう。とっても嬉しいよ」

と伝えます。

魔法の質問その2「この行動が許せる、愛せるキャラクターは何だろう？」

子どもの捉え方を変える質問その2は、

「この行動が許せる、愛せるキャラクターは何だろう？」

「この行動が愛おしく思えるようなキャラってまるで何のようだろう？」

『となりのトトロ』のトトロ、『アンパンマン』のドキンちゃん、などなど、子どものしている行動が許せたり、受け入れられたり、愛せるようなキャラクターに子どもを重ねていきましょう。

★家の中でいつもダラダラしている子どもを見るとイライラしてしまう

毒になる言葉「いつもダラダラして、本当にだらしがないんだから！」

薬になる言葉「あなたって本当に癒やし系だね。お母さん（お父さん）、毎日あなたに癒やされているよ」

家の中でやるべきこともやらずにダラダラしている子どもを見ると、どうしてもイライラしてしまいませんか？

タスクに追われて慌ただしい日々を過ごしていて、少しでも効率よく動きたい親は、子どもの動きが悪いと自分の時間を奪われているように感じてしまうかもしれません。

自分がゆっくりしたいのにできなかったり、子どものころに親から「ダラダラするのは怠《なま》け者だ！」と注意をされた経験があったりすると、子どもがダラダラしている姿を見ることすら許せずに無性に腹が立ってしまう場合もあるかと思います。

こんなときは、**子どものダラダラしている姿をジブリ映画の『となりのトトロ』に**

出てくるトトロだとイメージをして見ると、子どもの姿がなんとなくかわいく思えませんか？

家の中にトトロがいると思うと、一気に家の中がメルヘンの世界に早変わりします。

子どもがトトロだったらと考えるとクスッと笑えて、今までイライラしながら見ていた光景がまったく違って見えませんか？

「あなたがいると癒やされるな」「あなたのおかげで家の中がほんわかするね」「あなたがいてくれるとお母さん（お父さん）、リラックスできるよ」と優しい気持ちで素直に伝えられると思います。

こんなふうに子どものイメージを変えてみると、イライラする行動がクスッと笑えるようになったり、不安な気持ちが安心に変わったりします。

イライラを防止するお守り代わりに、子どもがダラダラ過ごすリビングなどに『となりのトトロ』の音楽を流したり、目につくところにトトロのぬいぐるみを置いて子どもと接する前にトトロのぬいぐるみを見たり触ったり。そうすることで、「あっ、うちの子はトトロだったんだ」といつでも思い出せるようにしておくと、さらに効果的です。

「いつも慌ただしく生きていないで、時にはダラダラ過ごすことも大切だよ。頑張りすぎなくてもいいんだよ」って子どもが自分に教えてくれているのかな？

そんなふうに捉えて、子どもと一緒にダラダラ過ごしてしまえば、少し肩の力も抜けて楽になるかもしれませんよ。

★気に入らないことがあると、泣いたり暴れたりする

毒になる言葉

「自分の思い通りにならないからって、泣いたり暴れたりしないで！　そんなことやっても何の意味もないよ！」

薬になる言葉

「自分の思いを全身全霊で伝えらえるってスゴイことだよ。あなたって、とてもエネルギッシュなんだね」

気に入らないことがあるとすぐに怒って暴れられたりすると、本当に困りますよね。「うちの子ってまるで台風みたいで、怒ると家中メチャメチャになってしまう」とか、少し古いドラマにはなりますが、「わが家って『積み木くずし』みたいに家庭崩壊寸前だ……」と思うと、途端に気持ちもずっしり重くなり、不安と恐怖に支配されてしまいます。

しかし、それが許せるかわいらしいキャラクター、たとえば、『アンパンマン』のドキンちゃんや、『リロ&スティッチ』のスティッチが泣いたり暴れたりしているとイメージしてみると、「まあ、仕方ないか」「かわいいから許しちゃおうかな？」と心

に余裕が生まれてきませんか。

この行動が許せるキャラクターは自分が想像しやすいもので、クスッと笑えたり、かわいいなと思えたりするキャラクターを選ぶことをオススメします。

わが家でも、息子が家の中をメチャメチャに破壊してしまったこともあり、こんなにエネルギッシュな子だったのかと驚きました。そして、我慢せずに自分の感情を思いっきり出せるようになったんだなと少し嬉しかったものです。

こんなにこの子には力があるんだから、この力を使えば学校に通えるようになるだろうと安心できました。

息子の反抗がひどかったときは、壊されたくないものはすべてクローゼットに隠し、家族写真はすべて壁に貼り付けていました。

息子が暴れて物を壊しても、「断捨離するいいキッカケになったな」「家の中のいらない物を捨てられてさっぱりしたな」と気持ちを切り替えて模様替えをするチャンスだと捉えました。

息子の部屋の壁には大きな穴が開いてしまったのですが、息子の部屋の壁は家族みんなで漆喰《しっくい》を塗り、今ではとっても素敵な壁に生まれ変わっています。

息子が自分の気持ちを出してくれたおかげで、息子と本気で向き合うキッカケにもなり、信頼関係を築くいい機会にもなりました。

ネガティブな出来事だと思うようなことでも、捉え方次第では家族の絆を深めるチャンスに変わります。

★心ないクラスメイトの発言に傷ついている

毒になる言葉
「うちの子を傷つけるなんて絶対に許せない！先生には相談した？まだしてないなら、お母さん（お父さん）が連絡するよ！」

↓

薬になる言葉
「あなたが映画の中のヒーローだとしたら、どんなふうに対応すると思う？」

学校で何かトラブルがあると、かわいそうだからと子どもを被害者にしてしまうような発言をしがちです。

「子どもがかわいそう……、私が守ってあげなくちゃ！」と思うと、子どもの成長するチャンスを奪ってしまいます。そうではなく、問題を解決する力、逆境を乗り越える力を養うためにも、**子どもを、彼・彼女の人生のヒーロー・ヒロインにするような言葉をかけていきます。**

このときイメージするキャラクターは、子どもが憧れている大好きなヒーローやヒロインにして、子ども自身が重なるようにします。

たとえば、『桃太郎』『スターウォーズ』『スパイダーマン』『アナと雪の女王』『鬼滅の刃』、映画版の『クレヨンしんちゃん』や『ドラえもん』などは、同じ法則でストーリーが展開されています。

何か問題が起きて物語が始まり、旅の途中で仲間に出会い、試練を乗り越え、成長し、故郷に帰ってくる——大人もそうですが、子どもたちも同じような経過を辿り成長していきます。

「ヒーローやヒロインが出てくるお話って、何か問題が起きて物語が始まるでしょ？あなたの人生も一緒だよ。同じような展開であなたの物語も進んでいくんだよ」

「あなたを主人公にして映画をつくるとしたら、今の状況は一番の見どころになるよ。観客がいたら、みんながあなたを応援する場面だよ」

「あなたはヒーローなんだよ。今はとてもつらいけど、この経験が将来役に立つよ」

「ヒーロー・ヒロインは勇気を出して一歩踏み出している。自分の中の恐怖に打ち勝って、目の前の敵と闘っているよね。あなたが大好きなヒーローだったら、この問題をどんなふうに乗り越えると思う?」

「あなたは生まれながらのヒーローだよ。普通の人よりも試練があるのは選ばれし者だからだよ。あなたは試練を乗り越えられる力を持って生まれてきたんだよ。だから大丈夫! あなたなら乗り越えられるよ」

子どもに、今起きている問題は、ヒーロー・ヒロインの物語ならどんな場面なのか伝え、「あなたは過去にもたくさんの問題を乗り越えてきたんだよ。だから、この問題も乗り越えられるよ」と子どもを主人公にした物語を親がつくって聞かせてあげることで子どもの自信になります。

必ずあなたを助けてくれる仲間が現れること、決して一人ではないことも伝えて勇気づけましょう。

★「うるせー、ババア！」など親に反抗的な態度をとる

毒になる言葉
「親に向かって、なんて口をきいているの？謝りなさい！」

薬になる言葉
「お母さんには〝お母さん、大好き〟って聞こえるんだよね。もう一回、アンコールしてもいい？」

子どもに反抗的な態度をとられると、ムカついて腹が立ちますよね。

「お前には関係ねーだろ！」「黙れよ！」「うるせーんだよ、クソが‼」なんて言われるために毎日頑張って子育てしているわけじゃないのに、と落ち込んでしまいます。

もしかしたら、子どもに攻撃的な態度をとられると怖くて怯《ひる》んでしまい、子どもを怒らせないようにと必要以上に気を遣ってしまう場合もあるかもしれません。そうすると親子の立場が逆転し、子どもが王様のように振る舞い、親が家来か奴隷のように扱われてしまいます。

「親に向かってなんて口をきいているの！　謝りなさい！」

と反抗期の子どもと同じ土俵に立って、真っ向から勝負をするのは横綱相手に相撲を取るようなもので、体力を消耗して疲れるだけです。

子どもの言葉にカチンときたら、子どもと相撲を取っているイメージをするといいかもしれません。毎日相撲を取るなんて考えただけでしんどくなります。

こんなときは、横綱級に手強い子どもと真正面から勝負をしようとせずに、勝手口から回っていくくらいの気持ちで対応したほうが賢明です。

目の前の子どもの言動にイライラすると思いますが、発想を変えていきます。

ステップ1の『肯定的意図』で行ったように、反抗する子どもの心の根っこの部分を探っていくと、自分の強さをアピールすることで、もっと自分の成長を認めてほしい、もっと自分のやることを信じてほしいと望んでいるのかもしれません。

だから、静かに見守ってほしいと思っているのに、親が口うるさく干渉してきたら、子どもの望んでいることと真逆の行動をとってしまっていることになります。

子どものムカつく発言は、『ポケットモンスター』のピカチュウみたいに何を言っても「ピカピカ！」「ピカチュウ！」と言っているとイメージすると、かわいく思えます。

ピカチュウ語は分からないので、「お母さん、大好きだよ！」って一生懸命に愛を叫んでいるんだなと思うと、さらに子どもが愛おしくなります。

こちら側が子どもにイライラしたり怖がったりしてしまうと反抗的な態度を繰り返してきますが、こちら側の反応を変えてしまえば子どもは反抗的な態度はとれなくなるでしょう。

魔法の質問その3
「この行動は状況を変えたら、どんなときに役に立つかな？」

子どもの捉え方を変える質問その3は、

「この行動は状況を変えたら、どんなときに役に立つかな？」

この視点で子どもを観察してみると、子どもの困った言動も将来の役に立つ力になります。

★「スマホがないと学校に行けない」など学校に行くために必要だからと欲しい物をねだってくる

毒になる言葉

「スマホがないと学校に行けないなんて大変！　スマホを買ったら遅刻・欠席しないで登校するって約束できる？」

薬になる言葉

「あなたって交渉力があるね。お母さん（お父さん）、思わず心が動きそうだったよ。あなたの交渉力や粘り強さは必ず将来仕事で役に立つよ」

「遅刻しないで学校に行ったらご褒美を買ってくれる？」

こんなふうに学校に遅刻や欠席をしないで行くからと、高額な物をねだられて困ってしまうことはありませんか？

「新しいスマホがないと学校に行けない……」など泣かれてしまったり、断ると機嫌が悪くなって暴言を吐いたり暴れたりされると、どうしていいのか分からずに悩んでしまいますよね。

子どもを甘やかすことはとても大切だと思いますが、子どもの言いなりになることとは違います。なので、できないことは毅然とした態度で「できない」と伝えることが重要です。

「テストで100点取ったらご褒美におもちゃを買ってあげるね」

などと、親が習い事を頑張ってほしいときや、親の期待する行動を取らせたいときに物を買い与えたことがあると、子どもはそのときのことを覚えています。親との立場が逆転したときに、今度は親を言葉巧みに操作して物を買わせようとするケースが多いように思います。

どんなに子どもに愛情を注いでいたとしても、

「習い事を頑張ったからご褒美におもちゃを買ってあげる」

と子どもをほめるときに何か条件をつけたり、親の期待通りに動いたときだけほめたりしていると、どんな自分でも受け入れてもらえていると感じることはできません。

今まで、親が子どもに何か物を買い与えることで愛情を与えていたとしたら、子どもは親に愛情を求めるときに物をねだって買ってもらうことで、愛されていることを実感し、安心できるのかもしれません。

子どもの心を充分に満足させられるほど物を買い与え続けるには限界があります。何かを買ってあげるときは、アレコレと条件を付けずに気持ちよく買ってあげることで、「自分は大切にされている」「自分は価値がある存在だ」と感じることができると思います。

「何か買ってほしい」と言うことが増えたときは、それだけ今はストレスが強く大変な状態なんだなと捉えて、普段よりも多く愛情を言葉や態度で伝えていきます。

子どもの「物をねだる」問題行動に着目してみると、子どもの粘り強く交渉する力や、心が動いて買ってあげたくなるようなプレゼン力など、社会で役に立つ力を使っています。

「また物をねだられた……」と思うとゲンナリしてしまいますが、「あなたの交渉力って本当にスゴイよね。お仕事でその力を使ったら、トップセールスマンになれそうね」などと考えるだけで、子どもの将来がワクワク楽しみになりませんか？

社会に出たらどんなふうにこの力を活用できるかな？　と考えると、子どもの困った言動も強みに変わります。

★歯磨きをしない、お風呂に入らない

毒になる言葉
「歯を磨かないとむし歯になるし、お風呂入らないと肌が荒れちゃうよ！」

↓

薬になる言葉
「お風呂に数日入らなくても平気だったら、アウトドアや災害時のときに強みになるね」

子どもがお風呂に入れない、歯も磨けない状態になると、「歯を磨かないでむし歯になったらどうしよう」とか、「肌がかゆくなってしまったらかわいそうだな」と心配になってしまいますよね。赤ちゃんのころから、むし歯にならないように仕上げ磨きも丁寧にやってきた分、ショックは大きいかもしれません。

お風呂に入れない、歯も磨けない子どもの姿を見るのはとてもつらいこと。今まで当たり前にできていたことができなくなっている事実を受け入れることは、非常に怖いものです。

しかし、**お風呂に入りたくても入れない、歯を磨きたくても磨けない状態で、一番**

苦しんでいるのは子ども自身です。

子ども自身も、今まで当たり前にできていたことができなくなっていることはかなり不安だと思いますし、「お風呂に入りなさい」と言われても動けない自分のことを責めてしまうかもしれません。

ずっとできないわけではなく、少し元気になればまたできるようになります。

現在の息子を見ていると、息子はどんなに疲れていてもお風呂には必ず入るほどとてもキレイ好きで、歯も熱心に磨いていますし、肌荒れを気にしてお肌のケアも念入りにしています。

この息子が、お風呂に入りたくても入れない、歯を磨きたくても磨けない状態だったのはさぞかしつらかっただろうなと思います。

無理やりお風呂に入れたり、歯を磨こうとしたりすると、親子で体力や気力を消耗してしまいます。

お風呂も歯磨きも、子どもの判断に任せることをオススメします。

「今はお風呂に入れないくらい疲れているんだね。少し元気になれば、またできるようになるから大丈夫だよ」

と子どもを安心させる言葉をかける。あるいは、

「数日お風呂に入らなくても大丈夫だったら、災害時とかアウトドアのときに強みになるね」

と言葉がけをしてあげることで、できて当たり前のことができないと悲観するのではなく、お風呂に入れないことを強みに変えてあげられます。

★遅刻をしそうなのに、ゆっくりと準備をしている

毒になる言葉
「もう！　何やっているの？遅刻しそうなんだから、さっさと準備しなさい！」

↓

薬になる言葉
「あなたって気持ちを切り替える方法を知っているんだね」

学校に遅刻しそうなのに、ゆっくり準備をしていたり、遅刻が悪いことだとも思っていないような態度を子どもが取ったりしていると、

「早く準備しなさい！」

と注意をしたくなりますが、そんなときは学校に行くための心の準備をしている可能性があります。

自分なりに心を落ち着かせられる方法を知っていて、「学校行きたくないな……」という気持ちを「今日も頑張れるかも……」に切り替えていたりします。

その方法が、スマホでゲームをする、テレビを見て動かない、ペットと遊ぶ、だっ

たりすると、親からは遊んでいるように見えたり、ダラダラしているように見えたりします。

また、お気に入りの靴下や洋服を着ると学校に行ける気がするけれど、まだ洗濯されていなかったりすると途端に動けなくなってしまう子もいるかもしれません。

子どもは自分なりの学校に行くための心を落ち着かせるルーティンみたいなものを持っているので、子どもが思うように動かないからといって口うるさく注意をしてしまうと、心の準備が整いません。

時間通りに動くことはとても大切ですが、心の準備をしてから登校したい子どもの気持ちを尊重してあげることで、安心して登校できると子どもが実感できるようになります。

遅刻してはいけないということは子どもも重々承知していると思いますし、安心して登校できるようになれば遅刻しなくなります。

「心を整える方法を知っているんだね」

「気持ちを切り替える力があるね」

と子どもに伝えることで、子ども自身も無意識でしていた心を落ち着かせる方法に気づけるようになるでしょう。

どんなときにも慌てずに自分のペースを乱さずに行動できたり、気持ちを切り替える方法を知っていたりすると、将来、仕事で何かトラブルが起きたときにもドンと構えて動じずに問題に対処できそうですね。

★お友達ができず、学校でいつも一人でいる

毒になる言葉
「いつも一人でいるなんてかわいそう……。先生に相談してあげようか?」

薬になる言葉
「大人になったら一人で行動することってたくさんあるよ。学校で一人で過ごす力がある。あなたって素晴らしい力を持っているんだね」

「お友達ができない」「学校でいつも一人で過ごしている」と子どもから聞くと、「お友達ができなくてかわいそう……。お友達ができないと、今後イジメに遭ってしまうかもしれないし、このまま一生お友達ができなかったらどうしよう」と不安になってしまうかもしれません。

親が学校でお友達と過ごしてほしい、お友達をたくさんつくってほしいと思っていると、子どもが一人でいるのが悪いことなんじゃないかと思い、もっと不安にさせて

しまいます。

しかし、社会に出ると一人で行動する場面はたくさんあります。

こんなときは、勉強の先取り教育のように、**ちょっと人生の先取り教育をしているところだと考えてみる**のはどうでしょうか。

親が一緒にいるうちに、社会に出たときに体験することを前もって体験できる、いい機会だと捉えてみます。

お友達がいないと行動できない子もいるのに、学校で一人で行動できるってスゴイことだと思いませんか？

一人でいることをかわいそうだと心配するよりも、

「学校で一人で行動する力があるんだね」

と声をかけてあげたほうが、子どもも安心できるのではないでしょうか。

そして、一人で過ごした休み時間に描いた絵を親が喜んでくれたり、休み時間中に読んだ本の感想を親子で話し合えたりしたら、どうでしょう。帰宅後に親に見せるために絵を描いたり、親子で本の話で盛り上がれるように休み時間を使うようになるかもしれません。

「あのときは一人で寂しかったけど、お母さん（お父さん）がいてくれて安心だった」と、子どもにとって嫌な体験が素敵な思い出に変わるかもしれません。

「どんなときでもお母さん（お父さん）はあなたの味方だよ」と子どもに伝える絶好のチャンスでもあります。

お友達がいても、いなくてもどちらでもいい。

どちらも同じくらい楽しく過ごせる力を今は身につけているところだと思うと、一人でいることを心配せず、親としてできることに目を向けられると思います。

ステップ3

子どもを認める・ねぎらう・ほめる

――動けない子に「言葉のエネルギー」を注ごう

不登校・行きしぶりの子どもは「ガス欠の車」の状態です

車にたとえてみると、今の子どもの状態が分かりやすいかもしれません。

不登校の子どもは、ガス欠の車のように動けなくなってしまった状態。長年強いストレスを受け続けて、かなり燃費の悪い車のようになっているのが、行きしぶりや五月雨登校の状態といえます。

学校に行くだけでもエネルギーをたくさん使い、ガソリンタンクに穴でも開いているんじゃないのかと思うほど燃費が悪く、すぐにガス欠を起こしてしまいます。限界ギリギリで何とか動いているような状態です。

ステップ3では、このような子どもたちを、「認める・ねぎらう・ほめる」ことでエネルギーを注いでいきます。

「認める・ねぎらう・ほめる」を通して、子どもの中に眠っている、まだ子ども自身も気づいていない力や可能性を目覚めさせていく。そうすることで、日々の言葉がけがエネルギーや自信となり、子どもは自ら新しいことや苦手なことにも取り組めるようになっていきます。

燃費の悪い車を燃費の良い車にバージョンアップさせていくようなイメージです。「燃費の悪い車から子どもの力が発現されたら、どんな車にバージョンアップするのかな？」

と少し未来の子どもの姿を想像してみると、楽しみながら言葉がけできるかもしれません。

親がしつけのために良かれと思って行う言葉がけが毒になり、子どもを傷つけるネガティブなメッセージとして伝わってしまっているケースが後を絶ちません。しかし、大切なポイントを押さえて言葉がけをすることで、子どもに安心感、創造力、責任感、忠誠心、満足感、冷静さを身につけさせ、モチベーションを高めたり、エネルギーを注いであげたりできるようになります。

この大切なポイントというのは、**「見てもらえている」と子どもが実感できるように言葉や態度で伝えていくことです。**

子どもが小さいころに、「ねえ、見て見て！」と言ったことはありませんでしたか？子どもにとって〝見てもらえている〟と感じることはものすごく大事なことです。**見てもらえていることで安心感が得られ、リラックスすることができます。逆に見てもらえていないことは、子どもにとってとても不安なことなのです。**

これは、子どもに限った話ではありません。「承認欲求」は3大欲求よりも強いといわれています。

SNSの投稿を例に出してみると分かりやすいかもしれません。食べたもの、買ったもの、手作りしたものなどをネットにあげて〝いいね〟や賞賛を得ようとしますよね。大人でさえも「認めてほしい」「自分を見てほしい」と強く思っているくらいですから、子どもはもっと見てほしいと思っているに決まっています。

「私はあなたを見ています」と愛情を込めた目で子どもを承認していくことが重要です。

「お母さん、ぼくは学校で怒られるとき以外は透明人間なんだよ」

と息子が小学校2年生のころにポツリと呟いたことがありました。

どういうことかと尋ねると、

「転校してきたばかりで何も分からないのに、何も教えてもらえないんだ。移動する教室の場所や学校のルールも分からないのに、みんなと同じことができないときだけ怒られてしまうんだよ。だから学校に行くのが怖いんだよね」

と不安を訴えてきました。

転校する前の学校の担任の先生は、息子のわずかな変化にも気づいてくださり、「さりげなくお友達のサポートをしてくれてありがとう！」とか「先生が困っているとすぐに気づいてお手伝いをしてくれるからすごく助かるよ！」などと優しい言葉をかけてくださったので、息子も安心して登校することができていました。

こんなふうに、子どもは見てもらえていないと感じると不安になります。

子どもが無気力・不安になるのは、

- 見てもらえない
- 価値がない
- 何も貢献できるものがない
- 他者よりも劣っている
- 代わりはいくらでもいる
- 自分の居場所がない

と感じたときに起こる反応だといわれています。

子どもの無気力や不安症状が気になっているなら、この部分を特に意識して言葉がけをしていけば、子どもの不安症状は緩和され、次第に明るく前向きになるはずです。「見てもらえている」というメッセージを「認める・ねぎらう・ほめる」ことで伝えていきます。

認める

まずは「否定しない」こと

まずは、子どもを認める言葉がけです。「認める」といっても難しく考える必要はありません。「とりあえず否定する口ぐせ」をやめることから始めましょう。

★学校に行けないのに、「お友達とボーリングに行ってもいい？」と聞かれた

毒になる言葉
「ダメよ！　学校に遅刻・欠席してばかりなのに、いいわけないでしょ！」

薬になる言葉
「いいね！　楽しそうなアイデアを思いついたね。それをやるときに何か問題点って出てくるかな？」

子どもが何かやりたいと言うと、良いか悪いか判断する前から、とりあえず反射的

に「ダメだよ！」と頭ごなしに否定をしてしまったり、「いや、そうじゃなくて〜」「いや、でも〜」「いや、いや、いや〜」などが口ぐせになっていませんか。

その場合、子どものことをどんなに認めてあげようと思っていても、まず最初に否定から入っているので「お母さんはやることなすことすべて否定してくる」と子どもに受け取られてしまいます。

親からすると、子どものやりたいことが到底受け入れられないようなこともあるかもしれません。

たとえば、遅刻や欠席をしてばかりなのにお友達と遠出がしたいとか、お友達の家でお泊まり会がしたいとか、貯めたお小遣いを全額使ってカードやクジを購入したいとか、徹夜でオンラインのゲームがやりたいなど……。親からすると突っ込みどころ満載なことをやりたいと言われると、否定したりアドバイスをしたくなったりするかと思います。

それでも、最初から子どもを否定してしまわないように、**普段から口ぐせを「いいね！」に変えることで、まずは子どもの発言を肯定できます。**

自分の考えとあまりにも違うときは思わず否定したくなりますが、ノリツッコミをしているつもりになってでも、まずは子どもの意見を認めます。

子どもが会話をしながら「分かってもらえていないな」「そうじゃないんだよな……」と違和感を覚えてしまうと、信頼関係が築きにくくなってしまいます。

子どもからなるべく多くイエスが取れるように、

「そのアイデア、とってもいいね」

「すごく斬新だね」

「面白いことを思いつくね」

と子どものことを否定せずに会話をします。

そのためには、親の価値観を一方的に押し付けるのではなく、子どもの世界観を尊重すること。

子どもの話を聞くときに、親の経験や価値観とすり合わせながら話を聞いてしまうと、表情から子どものことを認めていないことがバレてしまうので、「子どもはどんなことを考えているのかな？」「どんなことに興味を持っているのかな？」と好奇心を持って聞いていきます。

もし、何かアドバイスをしたいときは、

「そのアイデアとってもいいね。さらにこんなふうにしたらもっと良くなるかもしれないね」

と子どもの考えを肯定してから伝えたり、

「それをやるときに何か問題点って出てくると思う?」

「何を付け足したらもっと良くなると思う?」

「それをやるときに反対する人はいると思う?」

「それをやるときに何かリスクはある?」

と子ども自身で問題点に気づけるような質問をするといいでしょう。

★朝、起きられず学校に行けない

毒になる言葉「昨日の夜は学校に行くって約束したくせに嘘つき！」

薬になる言葉「心と身体の準備がまだ整っていなかったんだね。準備ができたら学校に行けるようになるから大丈夫だよ。学校に行く力を貯めようね」

「明日は朝から学校に行ける気がする」と子どもが言うとすごく期待をしてしまい、朝になって「やっぱり学校に行けない……」と言われると、ものすごくガッカリしてしまうものです。こんなことが何日も続くと「どうせ行かないくせに！　嘘つき！」と怒ってしまいたくなるかもしれません。

あまりにもつらそうな子どもを見かねて、

「そんなに大変だったら、学校になんて行かなくてもいいよ」

と思わず言いたくなってしまうかもしれません。しかし、前述したように、そのような発言は学校の価値を下げてしまいますし、「自分は学校に通う力なんてないんだ」と子どもに受け取られてしまいかねません。

不登校や行きしぶりの子が「学校に行きたくない」「学校に行けない」と発言することがあるかもしれませんが、今は「学校に行きたいけど行けない」状態なだけです。

不登校の子どもの多くは心や身体の状態が良くなると「学校に通いたい」と言い出します。一時の感情に流されて安易な発言はしないようにします。

子どもの立場に立って考えてみると、頭では「学校に行かなくちゃ」と思い、心も学校に行けるような気がしていても、身体はまだ学校に行ける状態ではない場合があります。子どもは嘘をついているわけではなく、昨日の夜の時点では学校に行こうと思っていたのです。

そんな子どもの気持ちを否定するのではなく、「まだ準備が整っていなかったんだね」と伝えることで、子どもを否定せずに、また学校に行けるようになるよ、と前向きな言葉をかけてあげることができます。

これから先の未来だって学校に通うくらい大変な問題はたくさん起こります。そのたびに子どもを守ってあげるには限界があります。

子どもが社会に出る前に、ストレスに負けない力、どんな問題も乗り越えられる力をつけてあげるためには、

「学校が悪いからこの子は学校に通えないんだ」
「意地悪なクラスメイトのせいで、うちの子が大変な目に遭っている」
「うちの子に配慮してくれない先生が悪い」

など、学校を非難して子どもを被害者のような立場にするのは得策ではありません。

「あなただったら大丈夫！　どんな問題だって乗り越えられるよ。お母さん（お父さん）があなたに力をつけてあげるから安心してね」

と子どもの力を信じて言葉をかけていきましょう。

学校や先生やクラスメイトのことを悪く言ってしまうと、子どもは敵がたくさんいるところに戻らなくてはいけなくなってしまいます。

「学校にもあなたの味方はたくさんいるよ」と学校に自分の居場所があると思えるように、学校側を悪くするような発言は控えます。

★「何でもいい、任せる」と自分で何も決められない

毒になる言葉「じゃあ、お母さん（お父さん）が決めちゃうね！」

↓

薬になる言葉「**あなたに任せるよ**」

「夜ごはんは何が食べたい？」と聞いても、「何でもいい、任せる」と言われることはありませんか？　何を聞いても、「何でもいい、任せる」と答えてばかりで、自分では何も決められなくなっていませんか。

他には、「ねえ、これってどうしたらいい？」と何でもかんでも親に確認することもあるかもしれません。

「おやつ食べてもいい？」「テレビ見てもいい？」などささいなことでも自分で決められず親の承諾を得る子も多いです。

親が過干渉に子育てをしてしまったことで子どもの思考力を奪ってしまった結果かもしれませんが、不登校や行きしぶりの子は自分で考える余裕すらなくなっている場合があります。

他にも、考えることを放棄する子には、鉛筆を持つことにすら拒絶反応を起こすほど勉強を嫌がったり、ルールが複雑なアナログゲームを嫌がったりする傾向があります。

少しずつ自分で考えて決められるように、「何でもいい、任せる」と子どもが答えたときや、「おやつ食べてもいい？」など質問されたときは、「あなたに任せるよ」と子どもに決定権を渡します。

親が心配で任せられないことではなくて、親がさほど心配しなくても任せられることから任せていき、少しずつ任せる範囲を広げていくことをオススメします。

なぜなら、毎日少しずつ子どもに任せることを増やしていくと、受験など進路を自分で決めなければいけないときに子ども自身で進路を決めることができるようになるからです。

親も子どもに任せることに慣れていくので、子どもの決定を安心して見守ることができるようになります。

任せるときに大切なことは、「任せたら任せきること」です。余計な口出しを一切せずに子どものやり方を尊重しましょう。

たまに、「お風呂のことは任せるよ、と子どもに任せたのに、うちの子、お風呂掃除をしないんですよね」とおっしゃる方がいるのですが、お風呂に入る・入らない、お風呂掃除をする・しないも、すべて子どもに決めさせます。

「掃除を任せたんだから早く掃除をしなさい！」では、まったく任せたことにはならないので注意が必要です。

子どもに任せたら、子どもがどんな選択をしても受け入れ、認めていきます。

★「お母さん、牛乳！」などお願いをしてくる

毒になる言葉
「牛乳を取ってほしいなら、牛乳を取ってくださいでしょ？
お母さんはあなたの家政婦さんじゃないんだからね！
それぐらい自分でやりなさい！」

薬になる言葉
「はーい！　あなたって忙しいお母さんを
自然と動かしちゃう力があるね」

「お母さん、牛乳！」と言われると、「お母さんは牛乳じゃありません！　取ってほしいなら牛乳を取ってください、お願いしますでしょ。お母さんだって忙しいんだからそれぐらい自分でやりなさい！」なんてイライラして言い返したくなりますよね。

せっかく牛乳を取ってあげても「ありがとう」とお礼を言われないと、「お母さん、あなたの家政婦さんじゃないんだよ。してもらって当たり前で感謝もないんだから……」とさらに小言まで付け加えてしまうこともあるかもしれません。

子どもには早く自立をしてほしい、早く一人で何でもできるようになってほしいとの願いから、子どもが何かお願いをしても「それぐらい自分でやりなさい！」「自分でできないと将来困るよ！」としつけのつもりで子どもの要求を断ってしまうこともあるかもしれません。

しかし、子どもの要求は、ニコニコ笑顔で「は～い！」と喜んで引き受けてあげることが大切です。

こんなふうに笑顔でお願いを聞いてもらえると、自分は大切にしてもらえる存在なんだと感じることができますし、お母さんには甘えてもいいんだと安心することができます。

自分は大切にされていると実感して心が満たされますし、親への信頼感が高くなります。さらにお母さんに愛されていると感じることで、人に優しくなれます。

何か困ったことがあったときに、一人で抱え込まずに人に頼ることができることは大人になってからもとっても役に立ちます。

人に頼ったり、人にお願いすることが苦手な人は案外多いようです。人に頼ったら迷惑をかけてしまう、相手の大切な時間を奪ってしまうかもしれない、こんなことで人に頼るのは甘えかもしれない……。こんなふうに我慢してしまい、つらいときに助けを求めることに抵抗を感じてしまうのです。

子どものころに、何かお願いをしたときに嫌な顔をされた経験があったり、「それくらい自分でできるでしょ！」と突き放された経験があったりすると、大人になっても相手に迷惑をかけたくないからとお願いしたくてもできなくなってしまうのかもしれません。

何か困ったことがあったときに、周りの人に助けを求めることができるほうが将来役に立ちます。

「お母さんに頼る力があるね」

「お願いする力は将来すごく役に立つよ」

と日ごろから伝えていくと、子どもが何か困ったときの助けになります。

そして、子どもからのお願いを聞くだけでなく、子どもにもお願いをしてみましょう。子どもが何かをしてくれたら、どんなささいなことでも、

「ありがとう！　嬉しいな。あなたは本当に頼りになるね。すごく助かったよ」

としっかり感謝の気持ちを伝えることで、子どもは自分にも貢献できるものがあると感じ、モチベーションが高まります。

何をしてあげても子どもが「ありがとう」と言わないと怒る方もいますが、子どもに「ありがとう」と伝えていくと、自然とどんなささいなことでも必ず「ありがとう」と感謝の気持ちを伝えてくれるようになります。

★「どうせ自分なんか頑張っても無駄だ」「生きていても意味がない」などと発言する

毒になる言葉「そんなこと言ったら、お母さん（お父さん）悲しいよ」

↓

薬になる言葉「そんなふうに感じているんだね。あなたがどれほどつらいのかお母さん（お父さん）には到底分からないけど、そのつらさに寄り添いたいって思っているよ」

「第一志望の学校を受験したいけど、勉強できない」など子どもたちは、理想の自分と現実の自分とのギャップに苦しんでいます。

「どうせ自分なんか〜」と頭の中で自分を否定して、新しく何かを始める前に「どうせやってもできない」とやる前から諦めてしまいがちです。

「どうせ頑張っても無駄だ」と希望を失ってしまっている子も少なくありません。

自分に足りないものを数えたり、他人と比較をすると、つらくなります。

「今のあなたは十分に素晴らしい存在なんだよ」と子どものありのままの価値を伝えていきます。

今あるもの、持っているものに気づくことで、自分のことを大切に思えるようになります。

オススメな方法としては、「生まれてきてくれて本当にありがとう！」と頭のてっぺんから爪先まで、すべての身体のパーツに「ありがとう」を伝えていきます。

子どもの目を見て、ひとつひとつ丁寧に「ありがとう」を身体の隅々まで行き渡らせるようなイメージです。

たとえば、「髪の毛さん、いつも頭を守ってくれてありがとう」「心臓さん、寝ずに働き続けてくれてありがとう」というように、身体のパーツを擬人化して伝えていくと聞き入れてもらいやすいかもしれません。

毎日、当たり前に使っている身体に感謝の気持ちを伝える機会はあまりないと思います。実際に声に出して、そのパーツに触れながら「ありがとう」を伝えていくと、少し恥ずかしくてこそばゆい、なんとも言えない不思議な感覚を味わうことができます。そして、全身の細胞が喜んでいるのを感じることができるはずです。

いつも蔑《ないがし》ろにしている身体の部分、今まで気にもかけず無視され続けていた身体の部分にも「ちゃんと見ているよ」と伝え、安心させていきます。

口内炎が一つできただけでも、深爪をしてしまっただけでも、そこに心臓があるのではないかと思うくらいズキズキと痛みを感じますよね。

歯が1本、指が1本欠けてしまってもすごく困ります。どれも大切な自分の一部です。「心臓はスゴイけど、それに比べて肝臓ってちょっと使えないよね」などと優劣をつけることなどしないはずです。どの部分にもそれぞれの役割があり、その役割を全うしています。

これは人間も同じです。きょうだいでも優劣をつけてしまうことがありますが、そんなときは「右手と左手を比べているようなものだな」と思うと、優劣をつけることがどれほど無意味なことなのか実感できると思います。

人それぞれ向き不向きがあります。不向きなことは人に任せ、足りないところはみんなで補えばいいのです。他の人と同じである必要はありません。

全身に「ありがとう」と伝えていきながら、身体のパーツのそれぞれの役割や重要性を話して聞かせることで、優劣をつける必要はないこと、自分にも社会の役に立つ役割があることを身体の感覚を通して身につけていけるでしょう。

「あなたの存在そのものに価値がある」『あなたがいてくれるだけで、とっても嬉しい」と、ありのままの子どもを認めて、それを子ども自身に気づかせてあげましょう。

感謝を伝える時間帯は夜寝る前や、リラックスタイムにしてあげると、ついつい照れ臭くて反発してしまう子でもすっと心に入っていきやすいですし、気持ちよく眠れます。

ねぎらう 子どもの頑張りを尊重する

「認める」の次は「ねぎらう」です。子どもが一生懸命頑張ったことをねぎらいましょう。

★クラスメイトからヘンな目で見られたり、嫌味を言われる

毒になる言葉
「気にしすぎなんじゃないの？ 嫌味を言う子たちのことなんて、相手にしなければいいのよ」

薬になる言葉
「そんな中でも学校に行けるなんて、なかなかできることじゃないよ。本当によく頑張っているんだね」

ステップ2のリフレーミングでも、同じようにクラスメイトから嫌味を言われてしまうシチュエーションの言葉がけを紹介しましたが、ねぎらいの言葉がけと組み合わ

せて言葉がけをすることをオススメします。

遅刻や欠席を繰り返していると、「またズルしてる」「サボリ魔！」などとクラスメイトからの心無い言葉に傷つくこともあるかもしれません。

頑張って学校に通っている現状をなかなか理解してもらえずに、もどかしい思いをしながら、それでも学校に通っています。

「嫌なことをたくさんされたり、つらく苦しい思いをしていたのに、どうして学校に通うことができたの？」と以前息子に質問をしたことがありました。

息子は、「学校に行かなきゃという使命感だよ」と答えたのですが、私はそれを聞いてとても驚きました。

遅刻や欠席を繰り返していたとしても、使命感を持って学校に通っている。

一度、レールから外れてしまった子がまた学校に通うことってものすごく大変です。「学校に行きたいけど行けない」と苦しんでいる子は、真面目で責任感が強く頑張り屋さんなんだと思います。そうでなければ、学校に行けないことを悩んだり苦しんだりしないですよね。

不登校や行きしぶりで苦しんでいる子たちは、努力家でさらに成長欲求が高い子なのではないでしょうか。

アウェイな場所に行くって大人でも怖いですよね。勇気を出して学校に行っても、心が折れることの連続で本当に大変だと思います。

子どもたちは、大人にだってなかなか真似できない偉大なチャレンジをしています。

「今まで本当によく頑張ってきたね」
「毎日頑張っているんだね」
「かなり大変なチャレンジをしているあなたを心の底から尊敬しているよ」
と子どもをねぎらいましょう。

★苦手な教科の授業に参加できない

毒になる言葉「苦手な教科の授業に、いつになったら出られるの？」

薬になる言葉「まだ慣れてないだけだよ。慣れたらできるようになるよ」

学校に通えるようになっても、特定の授業には出られない場合があります。体育や音楽など身体を動かしたり歌ったりする教科は、学校に通えるようになってからしばらく経たないと参加できないことが多いようです。

もしくは、勉強が分からなくなってしまった教科や、苦手な先生が担当している教科は嫌がるかもしれません。移動教室の事前準備でグループ活動が多いと、そのグループに馴染めずに参加できないこともあります。

すべての授業に出ることが望ましいとは思いますが、子どものペースで少しずつ学校に慣れている途中なので、ゆっくりと見守っていきます。

苦手なことや新しいことなどに取り組むときは、

「できないのではなくて、まだ慣れてないだけだよ。慣れたらできるようになるよ」

と伝えてあげると、

「どうせ、やってもできない」

「みんなみたいに、うまくできない」

と悲観することなく、チャレンジできるようになります。

★忘れ物をして落ち込んでいる

毒になる言葉

「前の日のうちに確認しなかったの？　ちゃんと確認しないとダメじゃない！」

↓

薬になる言葉

「それは大変だったね。失敗ってないんだよ。貴重なフィードバックが手に入ってよかったね。忘れ物をしたおかげで、忘れ物をしたときの対処法を一つ身につけることができたね」

完璧主義や心配性な子は忘れ物をするのを嫌がります。

忘れ物をして先生に注意をされるのを怖がったり、周りの目を気にして恥ずかしい思いをしてしまったと傷ついたりして、必要以上に落ち込むこともあるかもしれません。

こんなときは、子どもがその状況でどのような対応をしたのか話を聞き、子どもが「忘れ物をしてもなんとかなる。自分で問題を解決できた」と思えるように言葉がけをしていきます。

失敗を異常に怖がる子が多いので、

「失敗はない、フィードバックがあるだけだよ」

「トラブルの対処法を実践的に学べたね」

「あなたが一歩を踏み出せたからフィードバックを手に入れることができたんだよ。素晴らしいね」

「忘れ物をしても臨機応変に対処する力があるね」

と言葉をかけていきます。

ほめる　「できたこと」に着目し、子どものできる力を見つける

『ほめる』というと、「すごい！」「えらい！」が定番ですが、実は効果的なほめ方とはいえません。今までとは、ちょっと違うほめ言葉をかけてみましょう。

★家の中でいつもダラダラしている

毒になる言葉「ダラダラしてないで、少しは家の手伝いでもしたらどうなの？」

↓

薬になる言葉「**身体を労《いた》わる力があるね**」

ステップ2でも「家の中でいつもダラダラしている」シチュエーションを取り上げ、

リフレーミングで子どもの捉え方を変える方法をお伝えしました。このステップ3では『ほめる』言葉がけをご紹介します。

本書での『ほめる』とは、子どもの「したこと・できたこと」に着目し、これらの行動はどんな力を使っているのかな？　という視点で子どものリソース（資源）を見つけて、子どもに伝えていくことです。

たとえば、「決断力がありますね！」と言われると、自分の力を認めてもらえて嬉しくて、ほめられているように感じます。

書店でも、営業力とかリーダー力など「〇〇力」とついたタイトルの本をよく見かけます。判断力、決断力、やり抜く力、努力、継続力などは身につけておきたい力ですよね。「力」はとてもパワフルな言葉なのです。

ただ「継続しているんだね」と言われるよりも「継続力があるんだね」と言われたほうが、行動だけではなく能力まで認めてもらえているように感じませんか？

このように、子どもの日々の行動に「力」をつけて、子どものリソースに変えていきます。

子どもをただ、ほめようとしてしまうと、子どもの行動を良いか悪いかでジャッジし、親の偏った価値観で子どもをほめてしまいがちです。

「この子は今どんな力を使っているのかな?」と子どもを見ていくと、本来の子どもの姿を見ることができます。

日々リソースを伝えていくことで子どもの自信となり、問題を乗り越えるときのエネルギーに変わります。

カウンセリングで、「お子さまのいいところはどこですか?」と質問をすると、「ダラダラしてばかりで、いいところはありません」とお答えになる方はとても多いです。

しかし、生きている限り何かしら力は使っています。

どんな力を使ってダラダラしているのかな? と子どもの行動を具体的に観察してみると、「身体を休める力」「体力を温存する力」「リラックスする力」と、一つの行動からも子どもの力を複数見つけることができます。

「何もない」と思い込んでいると何も見つけることはできませんが、「どこかしら、何かしら必ずある」と思い込んで、ひねり出してでも見つけていきます。

★長時間ゲームに夢中になっている

毒 になる言葉 「ゲームばかりしてたらゲーム依存症になっちゃうよ！
脳にも悪影響なの分かってる？
ゲームばかりしているから昼夜逆転しちゃうのよ！」

↓

薬 になる言葉 **「ゲームの時間を自分でコントロールする力があるね」**

子どもがゲームばかりしているとすごく心配して、子どもを脅すような発言をしてしまい、「自分はゲーム依存症なんだ」「ゲームばかりしているから頭がおかしくなっちゃうんだ」と子どもに恐怖を植え付けてしまいます。

大好きで大切にしているものを大好きな人から否定されてしまったらとても悲しいですし、お友達と楽しく遊んでいるのに、横からアレコレと小言を言われてしまったら楽しさも半減してしまいます。

「身体に悪影響なもので遊んでいる自分は悪い子なのではないか」と罪悪感すら感じ

てしまうかもしれません。

ゲームをすることの『肯定的意図』を探ってみると、
ゲームをして楽しい↓嬉しい↓達成感↓ストレス解消できる↓リラックスする

ストレスを解消してリラックスするためにゲームをしているのに、ネチネチ怒られたり、親の不安をぶつけられたりしたら、ストレス解消どころか逆にストレスが倍増してしまいますね。


アレコレ口うるさく言わずに、ゲームが終わったときに、

「ゲームの時間を自分でコントロールする力があるんだね」

と子どもに伝えることで、ゲームのプレイ時間を意識させることができます。

また、「自分はゲーム依存症じゃなくて、ゲームの時間を管理する力があるんだ」

と自信を持たせることができます。

ゲームは悪いことだけではありません。お友達と一緒に協力してプレイする力、集中力、継続力、多角的な視点で物事を考える力、先の見通しを立てて行動する力、知らない人とゲームをする協調性、コミュニケーション力、創造力、問題を発見する力、探求心など、探せばたくさんのリソースを見つけることができます。

これらの力を子どもに伝えていくことで、子どもの自信となります。

「ゲームは悪だ！」と怖がり、ゲームをする子どもを恐怖で支配するよりも、

「あなたのことを信頼しているよ」

とドンと構えて子どもの好きなことを否定せずに認め、リソースに変えていきましょう。

そして、ゲームの代替案として、ストレスを解消できたり、達成感を感じられたりする家族団らんの時間をつくり、子どもの居場所をつくりましょう。トランプやオセロなどのアナログゲームがおすすめです。

★テストの点数が低い

毒になる言葉

「勉強しないからよ。
次はちゃんとテスト勉強しなさいよ！」

薬になる言葉

「ナイスチャレンジ！
勇気を出してテストを受ける力があるね」

テストの点数が悪いと親子でガッカリしてしまうかもしれませんが、不登校や行きしぶりの子がテストを受けられたことは本当にスゴイことです。

テストを受けるのが嫌だと欠席することもあるのに、テストを受けることができた。テストの点数が低いということは、自信のないテストにも果敢にチャレンジができたということです。

テストの点数が悪いからと、子どもを否定したり、自信を奪ったり、萎縮させてしまうのはモッタイナイです。

テストの結果が悪いときこそ、「親に認めてもらえる」と子どもが実感できる絶好の機会。そして、子どもの視野を広げたり、完璧主義を手放せたり、チャレンジすることの大切さを伝えるチャンスです。

テストの結果だけを見ると、人と比べたり、できない自分を責めたりして自信を失ってしまいます。

しかし、経過を見ることを習慣づけていくと、テストの点数はあまりよくなかったとしても、自分の成長に気づくことができます。

1週間前よりもこんなに成長しているよ。

1カ月前よりもこんなにできることが増えているよ。

親が経過に目を向けることで、子ども自身も自分を認めてあげられるようになります。

「そんなのは甘やかしだろう！」と言う人もいますが、今はまだ成長している途中です。

わが子のケースをお伝えしますと、息子が不登校から再登校して初めての数学のテストで4点の答案用紙をもらってきたのですが、4点の答案用紙の中からどれだけ息子のリソースを見つけられるのか、自分自身と勝負をしたことがありました。

息子は得意だったはずの数学で4点を取ってしまったので、とてもショックを受けていたと思います。

テストでどこか頑張って取り組んだところはないかな？　と子どものリソースを見つけながら、子どもと一緒に答案用紙を見ていきました。

名前を力強く書く力があるね、答えを全部埋める力があるね、と子どもにリソースを伝えていくと、「全然分からなかったんだけど、とりあえず空欄がないように数字を書いたんだよ」と教えてくれました。

「選択問題を勘で答えたら2問合っていたんだよ。だから4点、勘が当たったんだ！」と喜んでいたので、選択問題を勘で正解する力があるね、運を引き寄せる力があるね、とリソースを伝えることができました。

それから、「全然問題が分からなかったから、答えを書いて残った時間は寝ていたんだよね」と話してくれたので、余った時間は眠って体力を回復させる力があるんだね、と言うと、「そう！　次のテストもあるからね」ととっても嬉しそうでした。

前回はテストを受けられなかったのに、今回はテストを受けられたね。
勇気を出してテストを受ける力があるね。お母さん、すごく嬉しいな。
この答案用紙から、あなたの成長がたくさん伝わってくるよ。
こんなふうにテストを見ながら子どもとおしゃべりを楽しみました。

テストを受けたから、分からない問題にチャレンジする力、テストに取り組む力、テストの問題を読む力、答案用紙に答えを書く力、最後まで諦めないでテストに取り組む力、余った時間で身体を休める力などのリソースを見つけることができたのです。

すると、「勉強しなさい！」とひと言も言わずに、リソースを伝えただけで、息子は次のテストから8点、36点、86点と点数を上げていきました。
学校に慣れ、勉強する余裕ができると、自ら動き出して勉強に取り組みました。

どんなに悪い点を取っても苦手意識を持たずに、「やればできるんじゃないかな?」と思えるようになっていました。

勉強をさせようと親が期待して子どものリソースを見つけようとすると、勉強しているときばかりにリソースを伝えてしまいがちです。

しかし、日々の生活の中で、勉強とは一見無関係のように見える行動の中から見つけた子どもの力が、勉強に役立つ最強のリソースになることがよくあります。

「急がば回れ」で、**日常の小さな「したこと・できたこと」を毎日コツコツ伝えていくことをオススメします。**

息子は、数学と同じように、英語もまったく分からなくなってしまい、「英語が全然分からなくなっちゃった……」と落ち込んでいたことがありました。

こんなときに、日々伝えてきたリソースをまとめて伝えていくことで、「こんなに遅れてしまったからもう無理だ……」と思わずに、「今からでもやったらできるようになるかもしれない!」と思えるように自信をつけてあげることができました。

たとえば、息子はモノマネが得意なのですが、

「モノマネをする力や、聞いたままをそのまま再現する力、10分休みで漢字や単語を暗記する記憶力、誰とでも仲良くなれるコミュニケーション能力、洋画が好きなところ、好奇心旺盛とかのリソースを使ったら英語もきっと話せるようになるよ」

と息子に伝えたところ、少し考えてから、

「そっか……。確かにそうかもしれないね。いつも使っている力を使ったらできるかもしれないね」

普段言われている力を活用したら、まったく分からなくなってしまった英語もできるようになるかもしれない、と思えるようになっていました。

トラブルを乗り越える力は、日々の言葉がけから生まれた

日々、子どもに伝えているリソースは、子どもが困ったときにまとめて伝えてあげることで、お守りのように子どもの心を支えてくれます。

日々の言葉がけが大変役に立った出来事があります。

中学3年生の11月に、息子は100キロ超えの体育会系のクラスメイトからボコボコに殴られ、全身アザだらけになるほどの暴力を受けました。

身体だけでなく、極度のストレスから、少し落ち着いていた起立性調節障害の症状がひどくなって、不登校初期のころのような寝たきりの状態になってしまったのです。

ところが、学校側は暴力を振るった生徒のことを「普段から少しヤンチャな子だから」と何の対応もせずに問題を放置。この対応に不信感を覚え、加害生徒と今後も同じ教室で一緒に学ぶことに命の危険を感じたため、中3の12月に高校の外部受験を決

めました。

中高一貫校でそのまま高校に進学するつもりでいたので登校することを第一優先にした結果、成績も落ちていましたし、まったく受験勉強をしていない状態からの挑戦となりました。

息子は都立高校1校のみを受験すると自己決定をし、心身を回復することを第一優先にしながら受験勉強をし、高校に無事合格することができました。

急遽決まった受験で、しかも息子の意思を尊重して1校しか受験しなかったにもかかわらず、息子の「したこと・できたこと」に集中して目を向けることで、受験生がいるとは思えないほど、穏やかで落ち着いた日々を過ごすことができたのです。

息子は暴力事件に巻き込まれても、自分がイジメられたとは思っていませんでした。外部受験をして仲良しのお友達と離ればなれになってしまっても、自分にとってより良い選択をしたとポジティブに外部受験を捉えられていました。

これらは、ヒーローとしての言葉がけが大変役に立ちました。

ピンチはチャンスだと捉えることで、突然のトラブルに巻き込まれても、すぐに気

持ち を切り替えて立ち直り、受験に向けて心を整えることができたのです。

さらに月日が経ち、高校3年生の11月頃のことです。

当時、体力があまりなかった息子が「みんなと同じように体育の授業で身体を思いっきり動かしたい！」と体育の授業に全力で挑んだ末に、翌日の授業を体調不良で欠席してしまうことがたびたびありました。その結果、あと1日欠席してしまうと留年が決まってしまうほどギリギリになってしまいました。

その矢先です。先生の手違いで、1限目から最後の授業まですべて出席していたはずなのに、2限目だけ欠席扱いになっていた日があったのです。このままでは、卒業できないと思った息子は、何度も担当教科の先生に訂正のお願いをしました。しかし、なかなか聞き入れてもらえなかったそうです。

息子は、教科担任では話が通じないと判断すると、クラス担任の先生に相談し、それでも難しいようならと、数名の先生の力をお借りして欠席を出席に訂正していただき、留年を回避し、無事に卒業できました。

すべて息子の自己判断で、息子が先生たちに直談判をして問題を乗り越えたのです。

何か困ったことがあったら、自分から伝えないと、あなたが困っているのかどうか先生がたには分からないこと。

一度ダメだったとしても決して諦めないこと。

何度でも粘り強く交渉すること。

これらのことを日ごろから息子のリソースとともに伝えていました。

「あなたには粘り強い交渉力や、人を動かすプレゼン力、愛され力、コミュニケーション能力があるんだから、そのリソースを使って先生にお願いしてみたら絶対に助けてもらえるよ。一度断られたとしても、諦めないで何度でも交渉したらいいんだよ。みんな、あなたの味方なんだから、必ず卒業できるように動いてくれるよ」

「アレがほしい！」と息子に何かねだられたときなどに、「交渉力があるね」とリソースに変えて伝えてきたことが、こんなふうに役に立つとは。言葉がけを始めたばかりのころは思いもしませんでした。

この「認める・ねぎらう・ほめる言葉がけ」によって、息子はどんなに厳しい指摘をされたとしても、非難されたとネガティブに受け取らずに、大切なことを教えていただけたと好意的に受け取れるようになりました。

今、息子は、年齢問わず誰とでも仲良く接することができるので、お友達から「コミュ力お化けだ」と思われているようです。

大変な思いをしながらも登校し続けたことで、息子は社会性を身につけることができましたし、集団生活の中で人との付き合い方を学ぶことができました。

これらは登校し続けたからこそ身につけられたリソースだと思います。

何かトラブルが起きたときに自分で乗り越える力があるって、生きていく上でとても大切な力ですね。

日々の小さな小さなリソースが、困ったときには大きなリソースとして力を発揮します。

かけた言葉で子どもが笑顔になればOK

元気に登校することがゴールではありません。ゴールは自立することです。安定して登校できることにばかり目を向けるのではなく、もっと先の自立のために必要な力を日々の言葉がけでつけていきます。

「今はまだできないかもしれないけど、それはまだ慣れてないだけで、慣れたらできるようになる」と思えるようになる。すると、「どうせやっても無駄だ」と思い込むのではなく、「やればできる！」と思えるようになり、失敗を恐れずに問題を乗り越える力が養われていきます。

完璧を求めて一人で頑張りすぎてしまう子が、この力があれば生きやすくなるなと思える力も大切に伝えていきます。

「まあいいか」と思える力、受け流す力、受け入れる力、愛され力、お願いする力、頼る力、のんびりする力、癒やす力、自分を大切にする力、断る力、「やってもいいよ」と許可する力、許す力、手を抜く力、サボる力、妥協する力、居心地の悪い教室で時間をやり過ごす力、宿題を忘れても気にしない力、勉強しないで試験を受ける力、遅刻しても堂々と登校する力、嫌なことは嫌だとハッキリ伝える力。

これらの力も立派なリソースです。どんな行動にも「力」をつけて、子どもの魅力が輝くリソースに変えていきます。

今は、たくさんの経験を通して問題を乗り越える力を身につけているところなんだな、とドンと構えて言葉がけをしていきましょう。

親の期待する一歩は子どもにはあまりにも大きすぎます。親は理想の子ども、子どもは理想の自分を求めてしんどくなってしまうので、ハードルを思いっきり下げます。

親が子どもに求めることはかなりの難題である場合が多々あります。頭では簡単にできそうだと思っていても、実際に動いてみるとまったく想像していたようにうまくいかないなんてことはたくさんあるのに、子どもにはまるで簡単にできそうなことみたいに無理難題を押し付けてしまいがちです。

そのため、親が思っているよりもずっとずっと小さなこと、バカバカしいと思うくらい小さなことからもリソースを見つけていきます。

昨日よりも1分でも1秒でも早く学校に行けたらいい。

日々がこの積み重ねです。昨日よりもわずかでもいいから成長できていることを探していきます。

子どもは子どものペースで成長しています。

子どものペースが待てずにもどかしい気持ちのとき、私はおまじないのように「**子どものペースが良いペース**」と呟いていました。

他人のペースに合わせて行動するのは大人でも大変です。親だって子どものペースを待てないんだから、親のペースに子どもを合わせようと思うほうが無理があります。

子どもに言葉がけをすると、子どもの反応が親の期待している反応ではなかったと、開始早々やめてしまう方も中にはいらっしゃいます。

しかし、今まで自分を否定してばかりだったのに、突然自分を認めてくれるような言葉がけをされると、「何があったんだろう……」「試されているのかな?」と何かおかしなことが起きたのかと警戒してしまいます。自己肯定感が低い子だと、ほめられるとバカにされているように感じたり、何か裏があるのではないかと感じる場合もあります。

そのため、言葉がけをしても無反応だったり、嫌がったりと反応が悪くてやめてしまうと、「あー、やっぱり認めてくれたりほめてくれたりしたのは嘘だったんだ」と信頼関係が切れてしまいます。

「子どもを救うためにも覚悟を決めて言葉がけを変えていこう!」と子どもの反応に左右されずに言葉がけをしていきましょう。

「相手の反応があなたのコミュニケーションの成果である」

というNLPの前提があるのですが、子どもの反応が思わしくないのであれば、子どもの反応が良くなるように工夫改善をしながら、子どものリソースを伝えていきます。

言葉がけをして子どもが笑顔になればＯＫです。

隠れたリソースがたくさん見つかるコツ

『ほめる』ときのリソースを探すコツは、

- 子どもは具体的にどんな力を使っているのかな？
- 見つけた力に似ている力は他にないかな？
- 見つけた力は何のために使えるかな？
- この行動をするときに子どもはどんなことを大切にして行動していたのだろう？

（勇気、勇敢さ、愛情、公平さ、誠実さ、好奇心、思いやり、冷静さ、穏やかさ、情熱、柔軟性、正義感、謙虚さ、素直、感謝、寛容さ、リーダーシップ、チームワーク、ユーモア、前向きさ、明るさ、元気、楽しい、ワクワクなど）

- 子どもは何を大切にしているのかな？

こういった視点で考えてみると、たくさんのリソースが見つけやすくなります。本を読んでいると、面白い力を見つけることができるので、その力をメモしておいたり、自分でオリジナルの力を作ってしまったりするのもオススメです。

子どもの行動することすべてがリソースになります。

日々の言葉がけは、ノートにつけるといいでしょう。

子どもにかけたリソースやその際の子どもの反応、そのときは伝えられなかったけど見つけたリソース、言葉がけをして気づいたことなどをノートに毎日記録していきます。

そうすると、子どもに同じようなリソースばかり伝えているとか、勉強のことばかりリソースを伝えてしまっていたなどの自分の思考のクセに気づきやすく、日々の言葉がけを改善しやすくなるのです。

このような「子どものリソースノート」を作ることを強くオススメします。

エピローグ

この言葉がけメソッドで、家族全員が変わりました！

これまでNLP理論をベースにした言葉がけメソッドを3つのステップでご紹介しました。実践された方はもうお気づきだと思うのですが、実はこのメソッドで変わるのは、不登校や行きしぶりになっている子どもだけではありません。

まず、親の私自身が大きく変わり、私の両親や夫も変わりました。前向きな言葉のエネルギーが伝播《でんぱ》していき、まわりの家族全員を笑顔にしていったのです。

ここから長文になって恐縮ですが、私の身のまわりで起きた奇跡のような出来事を、自身のトラウマ体験を交えてご紹介しましょう。みなさんも同じようなプロセスをたどって変化が起こるかもしれません。

最初は「言葉がけ」が苦しかった

息子の状態が良くなるようにと言葉がけメソッドを実行しようとすると、思いもよらないことが起こりました。

私自身の心の中にいる子どもの私が、「私は認めてもらったことがないのに」「私はほめられたことなんてないのに」と泣き出す感覚になり、両親にしてもらえなかったこと、本当はしてほしかったことの記憶が次から次へと溢れ出て苦しくなってしまったのです。そして、きょうだいは許されるのに、女の子だからという理由で私だけ許してもらえなかったことや、いきなり理不尽に怒鳴られたことなども思い出すようになりました。

子どものころの私は、きょうだいや友達など周りと比べられて、「お兄ちゃんはできるのに、なんであなたはできないの?」「お友達のAちゃんやBちゃんはできるのに、同い年のあなたができないなんて恥ずかしい」などと言われるのが本当に嫌でした。

息子を肯定する言葉がけをしたいのに、自分が目をかけてもらったことがないから、どこを見てあげたらいいのか分からない。ほめられたことがないから、ほめ方が分からなかったのです。そればかりか、自分がしてきた子育てを非難され、自分の人生そのものまで全否定されている気がして、とても苦しくなってしまいました。

親とは思春期にはいろいろあったけれど、そのころは何の問題もなく仲良くしていたのに、顔を合わすたびにとても悲しくなったりイライラしたり。憎しみや怒りの感情さえ湧き上がるようになりました。

自分の親に「してもらったこと」に目を向ける

息子のために行動しようとしているのに、自分でブレーキをかけているようで気分が落ち込む日々でしたが、たまたま読んだ本で、親に「してもらえなかったこと」ではなく、「してもらったこと」に目を向けるといいと知り、取り組んでみることにしました。

私を育てるために両親が今までに費やしてくれたお金や労力や時間はどれくらいなのか、紙に書き出してみたのです。食事を何回用意してもらったか、汚れた衣類を何枚洗濯してもらったか、教育費は総額いくらかかったのか……。

親が自分にしてくれたことは「当たり前」の感覚で受け取ってきましたが、実は愛情がなければ絶対にできないことだと実感しました。両親を一人の女性や男性として見てみると、私よりもずっと若い時分に、ＳＮＳもなく情報が少ないなかで、精一杯私を育ててくれていたことにも気づきました。

なぜ自分はされて嫌だったことばかりを思い出してしまっていたのだろう。両親から、こんなにもたくさんの愛情を注いでもらっていたのに……と愕然としました。私は長い間、してもらえなかったことばかりを数え、不平不満を抱えて生きていたんですね。

拒食症一歩手前の私を変えた母の号泣

そして、ある出来事を思い出しました。

私は中学1年のころ、クラスの複数の男子生徒からいじめられていました。不登校が始まったときの息子と同じ年ごろでした。

教室を普通に歩いているだけで、「デブ」「ブタ」「１００トンデブ」などの言葉が飛んでくるようになり、「地震だ！　デブが歩くと学校が揺れる」と、よろける真似をされたり、ロッカーに置いてあるノートに、太っている女の子の絵と私の名前とたくさんの悪口が書かれていたり、他にもたくさんの嫌がらせを受けていました。

標準体重だった私は、なぜ自分が体形によるいじめにあわなければならないのか分からず、担任の先生に何度も相談しましたが、「やられるほうに問題がある」と、先生はいじめる側をかばい、「大人の対応をして我慢しなさい」とおっしゃったのです。「先生も私が太っていると思いますか？」と尋ねると、「みんなが太っていると言ってるんだから、太ってるんじゃない？」と笑われました。男子生徒にいじめられるよりも、先生のその発言と、片側の口角だけ上げた嫌味な笑い方がすごくショックで、悲しくて悔しくて、私はその日から、先生への当てつけのように給食を食べることを一切やめました。


家でも食事の量を減らし、ご飯とお味噌汁を少量食べるだけに。食事制限をすると体重が面白いほど落ちるのが楽しくなっていきました。

夏休みになると、さらに食べる量が減っていき、1回の食事で食べるのは、トマトかきゅうりを少しだけになりました。

そうこうしているうちに、次第に食べることがストレスになっていったのです。お茶にはカロリーなんてほとんどないと分かっているのに、色のついた飲み物を口に入れることにすら拒絶反応が起きるように。当然ながら常にお腹がすいていて動けず、ベッドで過ごす時間が多くなりました。

母はそんな私をすごく心配して、私の大好物を作ったり、手作りケーキを焼いてくれたりしましたが、私が頑《かたく》なに食べないので、最初のうちはものすごく怒りました。

あるとき私の部屋の本棚の隅っこに、私と同じ年齢の拒食症の女の子のノンフィクションの本が置いてあることに気づきました。私の状態とよく似たその女の子は、どんどん痩せていき、最後は入院してしまいましたが、私はまだまだ太っているし、拒食症なんて大げさだなと、どこか他人事だったのを覚えています。

2カ月くらいで私の体重は10キロ近く落ちました。母から体重を量るように言われ、母の目の前で体重計に乗ると40キロを切っており、最低体重を更新していました。

私は大喜び。すると母は突然ワッと泣き出したのです。びっくりしている私を抱きしめて、身体じゅうの水分が全部無くなるんじゃないかと思うほど涙を流しながら、「こんなに痩せちゃダメだよ！　これ以上痩せたら死んじゃう。大好きな、大切な愛梨が死んだら、お母さん嫌だよ！　もうダイエットはやめて。あなたは十分魅力的だよ」

と、私を心配し、大事に思っている気持ちをたくさん伝えてくれました。

母を悲しませたくてダイエットしているわけではなかったので、そんなふうに泣かせてしまうのはすごく心苦しかった。その夜、母は私を抱きしめたまま泣き疲れて寝てしまい、私も一緒に泣きながら、気づいたら眠っていました。

その日から母は、夜、私のベッドで一緒に寝てくれるようになりました。母と飼い猫と私とでシングルベッドに入っていろいろな話をし、母の温もりを感じながら安心して眠りました。

それ以上悲しませたくなくて、母の前では少しだけ食事をとるようにもなりました。そのころを思い出すと、母はいつも私を見ていてくれたことを思い知らされます。

実際に、常に母の視線を感じていたことを覚えています。私がちゃんと食べているか、いつも不機嫌な顔で監視されて窮屈だと思ったことも正直ありましたが、今思えば、私をものすごく心配してくれていたのだと分かります。

この出来事を、私はずっと忘れていました。

息子を救おうとする過程でこの記憶が蘇り、気づいたのです。「母親の愛情で心が満たされることによって動き出せた」体験を、私自身がしていたということに。

母が私を抱きしめて号泣していたとき感じた、心のコップに愛情を溢れるほど注いでもらっているような感覚。母からの愛情をシャワーのように受け取っていた自分を、はっきりと認識できました。

それからしばらくして元気を取り戻した私は、長かった髪をベリーショートにして、勉強を頑張り、いじめに屈さずに、お友達と楽しい学校生活を送ることができました。転校も視野に入れるほど学校に居場所がなかったのですが、心地いい場所を自分でつくることができました。

自分の力でいじめを克服したと思い込んでいたけれど、それは間違いで、母から大きなパワーをもらったから乗り越えられたのです。だから私も、母にしてもらったように息子に愛情を注いでいけばいい――そう確信しました。それから私は、母からもらった大切な思い出を胸に、息子への言葉がけを変えていきました。

息子への言葉がけを変えたことで起きた、母の変化

その過程で驚いたのは、母にも変化が起きたことです。

母は私を愛してくれていましたが、私のことを何もできない人間だと思っており、私は母に、「あなたは何もできないんだからやらなくていいよ」とか、「みんなが当たり前にできることができないなんて情けない」「あなたは本当に素直じゃないわね。本当にかわいげがないんだから……」などと、よく言われていました。

息子への言葉がけを変えてしばらく経ったころ、息子を連れて実家を訪れたことがあります。私が息子にいいところをたくさん伝えている姿に、母は思うところがあったようで、突然私に、

「お母さんはあなたの何を見てきたんだろう。あなたは何でもできるのに、どうして何もできないって思い込んでいたんだろう。お母さん、今まで何も見ていなかったんだね。本当にごめんね。これからはあなたのいいところをたくさん見ていくからね」

と、謝ってくれました。

それから母は私への態度をガラリと変え、ほんの小さなことでもたくさんほめてくれるようになりました。

私が普通に作ったおにぎりを、「こんなに美味しいおにぎりをつくれるなんてすごいね。世界で一番美味しいおにぎりだね」とほめて喜んで食べてくれたり。

私が何か新しいことにチャレンジしようとすると、それまでだったら、「そんな危ないことをするのはやめておきなさい」と制止したり、「そんなこと恥ずかしいよ」「みっともないよ」と非難したりしていましたが、マイナスなことを一切言わなくなりました。

「とっても面白そうだね」「いつも楽しいことを思いついてすごい!」「今だからできることだね」と言って一緒に楽しんでくれたり、応援してくれたりするようになったのです。

それから母は、私の言葉がけを真似て、父親に言葉がけをするようになりました。

そのころは父が定年退職したばかりで、母は「毎日お父さんの面倒見て暮らすの嫌だな」と愚痴をこぼしていました。父は仕事人間で、炊事洗濯、掃除などの家事が何もできなかったので、負担が大きくなりそうなことを面倒に思っていたのでしょう。

しかし、退職後の父に母が言葉がけをしながら家事を教えたところ、父はとくに洗濯スキルがめきめき上達し、使命感を持って自分の仕事として家のことをするようになりました。それから両親はすごく仲良くなり、「子育てが終わったから今度は家育てをしよう」と、ガーデニングをしたり、家をキレイに整えたり、パンやお菓子づくりに挑戦したりと第二の人生を二人で楽しんでいます。

夜寝る前には、「今日も一日幸せで、楽しく過ごせてよかったね」と、笑顔でお互い言い合うのだそうです。

父も変化し、心の距離がなくなりました

ワーカホリックで、ほとんど家にいなかった父。家族旅行にはほとんど行ったことがないし、私には父親との思い出がほとんどありません。小さいころは父親というイメージすらなくて、たまに家に来るおじさんのように思っていました。話も合わないし、威張っていてすぐに怒る父が怖くて、何を話したらいいのかもわからず、ほとんど接することもありませんでした。

その後、小学校高学年くらいから私は反抗期を迎え、父への拒絶感がいっそう強くなりました。かなり自分勝手な態度をとっていたことを覚えています。関係性は私が結婚してからも変わらず、距離がありました。

ところが、私が子育ての方法を変えていくなかで、両親や夫にも息子と同じように言葉がけをするようにしたところ、全員との関係が円滑になっていったのです。

私も両親も、お互いのいいところを伝え合うようになりました。両親は私だけでなく夫や息子にも、シャワーのようにいいところを伝えてくれるようになりました。

両親に会う前に、私は「二人のいいところをたくさん見つけよう」「今日は父からどんなことを学べるかな？　母からは？　そうだ、父が仕事で大切にしていたことを教えてもらおう！」などとウキウキしながら目標を立てます。そして、みんなで楽しい時間を過ごそうと弾む思いで実家に向かうようになりました。

何となく会っていたときよりも両親についてたくさん知ることができるようになったし、二人から学べることが増えたと実感しています。

「私だけが○○してもらえない」と思っていたころは不満ばかりでしたが、両親それぞれの長所を見ようとするうちに、「母も父も素敵だな、魅力的だな」「こんなふうに歳を重ねられたらいいな」と感じるようになりました。

現役時代の父の仕事の話もすごく面白くて、そんなふうにしてお金を稼ぎ、私たちを育ててくれたのかと、すごく感謝していますし、尊敬の気持ちでいっぱいです。

実家には家族の写真がたくさん飾られているのですが、あるとき私は、父とのツーショット写真を持っていないことに気づきました。前述の通り、旅行にもほとんど行ったことがないし、一緒に写真を撮ったことがなかったのです。ぜひとも父と二人の写真が欲しいなと思った私が夫と息子に相談すると、協力してツーショット写真を撮ってくれました。

私はすごく嬉しかったのですが、それで終わりではありませんでした。父も私と写真を撮ったのが嬉しかったようで、距離がグッと近くなったのです。すごく優しく話しかけてくれたり、一緒に出かけようと誘ってくれたり、それまでには無かった家族の時間を過ごせるようになりました。

今、父と一緒にいる時間がすごく楽しいし、父が私を甘やかしてくれるようにもなり、子ども時代に一緒に過ごせなかった時間を取り戻しているような感じがしています。

家族にひどい態度をとっていた夫もガラリと変化

夫は息子が不登校になると、「お前の育て方が悪いからだ」と私を責めました。そして「不登校になるような弱い子は社会に出たらやっていけない」「俺だったらそんなバカなことはしない」「良い大学に行かなければ良い会社に入れないのに、本当に要領が悪いな」などと息子のことも責めました。

不登校になった息子を受け入れられなかった夫はずっと不機嫌で、私や息子に当たることが増えました。私はここに書くのも憚《はばか》られるような、あまりにもひどい言葉を常に浴びせられ続け、汚い言葉のゴミ箱になったような扱いを受けて、とても傷ついていました。

暴言ばかり吐く夫に対して許せない気持ちでいっぱいでしたし、大切なわが子に対してひどい態度を取る夫を軽蔑していました。「もう夫婦としてやっていくのは難しいかもしれない。息子にとっても悪影響かもしれない」と、離婚を本気で考えるほどでした。

しかし、本気で離婚を考えたときに、「今、離婚して本当に後悔しないかな？　家族のために私にできることは残されていないかな？」と自問自答をしていると、突然頭の中に、照れて恥ずかしそうに息子を見て笑っている夫の顔と、息子が嬉しそうに夫を見て微笑んでいる顔が浮かんできたのです。

「この笑顔をもう一度取り戻したい！　この笑顔をもう一度見られるように本気で頑張ってみよう！」

これが私の原動力となりました。離婚はいつだってできるから、最悪な状況のときに重い決断をするべきではない。万が一離婚に至ったとしても、全力でやりきったから悔いはないと言い切れるように、私に今できることをすべてやりきろうと覚悟を決めました。

最初にしたことは、夫の言動で悲しんだり傷ついたりすることは今後一切やめると決意すること。夫に対しても、「好きなだけ暴言を吐けばいいけど、私はあなたの言葉や態度に傷つくことはない。あなたは私を傷つけることなんてできないよ」と宣言しました。

そして、息子と同じように夫をよく観察していくと、暴言を吐くのもストレス症状の一つだと気づいたのです。仕事もかなりハードで相当負担が大きかったのだと思います。

体格の大きな夫が怒るとすごく怖かったのですが、大きな身体はただのハリボテで、中身は反抗期真っ最中の2歳児だなと思うようにしたら、何を言われても笑えるように。2歳児相手に、子育ての大変さを理解してもらいたい、自分の気持ちを分かってもらいたい、自分の頑張りを認めてもらいたいなどと求めたり、期待に応えてくれないことに傷ついてイライラしたりするのがバカバカしくなりました。

そして自分の行動を振り返ってみると、夫の嫌な部分ばかりが目についてイライラし、夫の頑張りを認めたり、ねぎらったり、ほめたりしていなかったことに気づきました。自分ができていないことを相手に求めるのはやめ、まずは自分が率先して変わることにしたのです。

元の穏やかな夫に変えた「言葉がけ」の力

それからの私は、夫の暴言は一切スルーし、いいところを本人にたくさん伝えるようにしました。夫と目が合ったらニコッと微笑み、夫が仕事から帰宅したら笑顔と拍手で出迎え、毎日夜寝る前に感謝の気持ちを伝えました。

夫の不機嫌に振り回されることなく、常に自分が機嫌よくいられるように心がけ、夫が暴言を吐けない環境をつくる。そんな日々を過ごすうちに、夫の暴言は止み、元の穏やかな人に戻ったのです。

暴言を吐く側は、相手が傷ついたり悲しんだりする姿を期待しているものです。でも私はそういう反応をしない。そうなると同じ態度を取り続けることって難しいんですね。

覚えておきたいのは、相手が怒りの感情を昂《たかぶ》らせるときは、こちらが言葉以上に、表情や声のトーンや立ち居振る舞いなど、何かしら相手を怒らせる刺激をしている場合が多いということです。そこを変えるだけで、相手は同じ態度を取りづらくなります。

また、誰の内にもある「承認欲求」は、三大欲求よりも強いといわれています。しかし、みんな自分のことで精一杯で他人を認めたりほめたりする余裕はないので、承認欲求を満たしてくれる人はとても貴重で邪険にできなくなります。だから、いいところを見つけてほめるようにすると、相手の心はほどけていきます。

「夫をほめるなんてプライドが許さない」「ほめたら付け上がるだけ」などと言うかたも多いのですが、家を安全で安心な場にすることは、子どもにとって非常に重要です。夫のストレスをケアすることは、一見遠回りのようで子どもを守る近道なのです。

ストレス症状が和らぐと、夫はまた家族のことを大切にし、息子と笑顔で接することができるようになりました。しかし、心の底から息子を受け入れ、認められるようになるまでには長い時間がかかりました。

表面的には問題なく、仲良く穏やかに暮らしていましたが、受験期などは期待通りに勉強しない息子を見て夫がイライラし、「受験生なのに勉強しないでゲームしてるなんてあり得ないだろう！　どうせ大した大学にも行けないいんだから塾代や学費にお金をかけるなんてドブに金を捨てるのと同じ。無駄だ！」などと暴言を吐くことが増えていきました。

しかし、息子がもがきながら成長する姿を目の当たりにし、夫はこう言ったのです。

「どうして今まで息子を見るとイライラしたのか、やっと分かった。周りに流されて何も努力しなかった、過去のダメな自分を見るようでつらかったんだ」

息子の姿に過去の自分を投影していたことにやっと気づけた夫。そして、

「息子はこんなにいい子なのに、どうして自分はずっと否定してしまっていたのだろう」

と、号泣しながら反省していました。

「自分は正しくて、悪いのは子どもだ。問題があるのは自分ではなく子どもだ」

こう思っていると、自分側に原因があると気づけないので、自分から率先して変わることもできません。

「良い大学に入らないと良い会社に就職できない」と親や学校、テレビなどから入ってくる情報を子どものころから刷り込まれていると、それが絶対的に正しいことだと信じこんでしまいます。そして、幼少期から刷り込まれてきたことに何ら疑問を持つ

ことなく、自分が親にされてきたように子どもを育ててしまうのです。

スマホやパソコンは常にアップデートしたり、最新機種を手に入れたがるのに、子育てに関しては「自分がされてきた子育てが正しい」と思い込んだまま何十年も前の古い価値観のまま一切アップデートされていません。

「それって本当に、本当にそうなのかな?」「どうしてそう思ったんだろう?」「何がそう思わせたのかな?」「一切例外はないのかな?」と自分自身を疑ってみることで、これらの思い込みや古い価値観をゆるめて、柔軟な考え方ができるようになります。

夫は、気合い・努力・根性が当たり前に求められてきた世代で、甘えは決して許されない学生時代を過ごしてきています。自分と同じようにやらない息子の姿にもどかしさを感じてしまうのも仕方がないことだと思います。さらに夫は、社会の厳しさを痛いほど分かっているからこそ、息子のためを思って厳しく接していたのだと思います。夫の伝え方には問題がありましたが、夫も息子を深く愛していたことには何ら変わりありません。

自分の思い込みや価値観と異なる考え方をする子どものことを、心の底から認めるということはそう簡単なことではないのです。夫が自分でそのことに気づくのに要した時間は、6年半でした。

息子は不機嫌さを巻き散らす夫にかなり迷惑を被《こうむ》っていたにもかかわらず、今では夫が悩んでいれば何時間でも親身になって相談に乗ったり、心配して寄り添ってあげたりしています。そんな姿を見て、「あいつは本当にすごい奴だ。俺よりもずっと大人だし、自分には絶対に真似できないことをしている」と、夫は心から息子を尊敬しています。

そして、息子が二十歳になってからは二人で一緒にお酒を飲めることがとっても嬉しいようで、何軒もハシゴして、お酒を酌《く》み交わす時間を心から楽しんでいます。

子どもの不登校を夫婦で助け合いながら乗り越えるご家庭を羨ましく思うこともありましたが、わが家の場合は、不登校の息子よりも私が何倍も手を焼いたのは夫でした。

夫は足を引っ張るだけで、協力的とはとても言えませんでした。でも振り返って思うのは、夫のおかげで、私一人の力でも息子を必ず救い出してみせる！　と覚悟を決めることができたし、精神的にも自立できたということです。

困難な問題に最初は一人で立ち向かい始めたとしても、次第に家族を巻き込んで味方を増やしていくことはできます。

無理解な夫に悩まされているかたも多いかもしれませんが、夫と同じ土俵に立たずとも、自分の思いが伝わる日はいつかきっとやって来ます。

「夫は私の気持ちを全然分かってくれない！」と言いながら、漫然と同じやり方を通そうとするのではなく、伝わる方法を工夫しながら見つけていってほしいと思います。

夫の感情に振り回されるのではなく、自分の気持ちは自分がしっかりコントロールすること。自分の工夫次第で、夫婦関係は改善していきます。

あれほど紆余曲折を経たわが家だって、息子のことで苦しみながら思い描いていた家族の笑顔の姿が、今は日常になっているのですから。

「できないって言わない」チャレンジ！

かつての私は、「勉強しなさい！」「どうしてもっと頑張らないの?」「もっと上手にできるでしょ?」などと煽《あお》ったり、「もっとこうやったほうがいいよ」「あー、ほらやっぱり失敗しちゃったじゃない。お母さんのアドバイスを聞かないから」などと息子のやることに余計な口出しをしたりしていました。

息子は受験や進学など、何もかも初めてのことに挑戦して大切な経験を積んでいる最中なのに、私ときたら、「失敗させたくない」「困ったことになったらかわいそう」などと勝手に思って余計なアドバイスをし、経験から学んで成長する機会を奪ってしまっていたのです。

息子は小さなころから、初めてやることや自信のないことを嫌がり、場所見知りが強く、新しく通う習い事や塾などにも慣れるまでに時間がかかって、行きしぶることが多くありました。

ある日、そんな息子に、新しいことや苦手なこと、コンプレックスに感じていることに私がチャレンジして盛大に失敗している姿を見せようと、ふと思いつきました。お腹を抱えて笑いながら、「お母さんができるなら僕にだってできる！」と思ってもらい、新しいことにチャレンジするハードルをグッと下げられるように、私のチャレンジする背中を見せたいなと思い、「『できない』って言わないチャレンジ」を始めました。

私自身、自己肯定感がとても低く、みんなが当たり前にできることでも「どうせ私なんてできっこない」とか、「みんなみたいにうまくできるはずがない」と、やる前から諦めてしまう癖がついていたのです。そんな自分を変えたくて、「そんなの私にはできない！　絶対無理！」だと思ったことに何でも取り組んでみることを自分自身に課しました。

チャレンジを始める前の私はとても内向的で人見知りで、視線が怖くて他人の顔をまともに見ることができませんでした。人前で話すときは顔が真っ赤になり、声は震えるし、心臓が口から出そうなほど緊張して、頭の中が真っ白になり、何を話しているのか分からなくなるほどでした。

写真や動画を撮られることも大嫌いでしたし、撮った写真や動画を見ようとしたり、録音した声を聴こうとしたりすると全身鳥肌が立つほど強い拒否反応が出て、見ることも聴くこともできませんでした。何かをやろうと思うと周りの目が気になって、変に思われたらどうしようと心配したり、恥ずかしいからやりたくないと思ったりしていたのです。

私はまず初めに、スーパーやレストランなどで接客を受けたら「ありがとうございます」と目を見てしっかり伝える練習をしました。

そして少しずつハードルを上げていき、「とっても美味しかったです。ごちそうさまでした」「親切に対応してくださり、ありがとうございます」「○○さんのおかげで気持ちよく買い物ができてとっても嬉しいです」など、ひと言添えるようにしていきました。

また、私は文章を書くことが大の苦手で、自分のことをさらけ出すことにかなり抵抗があったので学校の作文すら書けなかったのですが、あるとき、私が今お手伝いをしているボランティアの団体から「不登校から再登校に導いた体験談を書いてほしい」と依頼を受けました。

その際も、「やります！」と即答。書けるかどうか考えてからお返事、と思っていると絶対に書かないだろうなと思ってお引き受けしましたが、正直、どうしてＯＫしちゃったんだろうと悩みました。でも気持ちを切り替えて、私の体験が誰かのお役に立つかもしれない、文章が下手でも能力が低くても、伝えられることはあるかもしれないと考え、体験談を書いたのです。

すると今度は「１００人の聴衆の前で体験談を語ってほしい」と、パネルディスカッションのパネラーの依頼がきました。前述の通り、私は人前で話すことがとにかく苦手で、人前で話すと顔が赤くなり、心臓がバクバクして頭が真っ白になって声が震えてしまいます。少人数の前で話すこともできないのに、１００人の前で話すなんて怖いし、逃げ出したくなるほど恥ずかしかったのですが、これも考える前に引き受けました。当日は、とても緊張しましたが、何とか壇上で話すことができました。

苦手なことにチャレンジしたことで、息子が不登校から再登校するときにどれほどの勇気を出していたのか、不登校のレッテルを貼られていじめられても学校に通い続ける息子がどれほど頑張っているのか、心の底から理解することができました。

自分がやろうともしていないことに対しても余計な口出しをしていましたが、チャレンジするのは簡単なことではなく、今まで知ったかぶりをして息子に軽々しくアドバイスをしてきた自分を恥じました。

その後もチャレンジを積み重ねて実行していきましたが、チャレンジの内容は、やっていくうちにどんどん難しくなっていくのですね。あるとき、恩師に「あなたの経験は宝です。本を出版し、人前に立つお仕事をしなさい」と言われたことをきっかけに、私史上最大のチャレンジである、本の出版を目指すようになりました。

本書の出版へのチャレンジには、私の苦手なことが「これでもか!!」というくらい目一杯詰め込まれていて、正直かなりつらく苦しかったです。思うような成果を出せずに落ち込むこともしょっちゅうでした。

たとえば、こんなことがありました。

出版を目指す仲間たちの集まりで、大勢の人の前で本の企画のプレゼンをしたときのこと。緊張してうまく話せないことを笑われてしまったのです。家に帰って自分の不甲斐なさに落ち込んでいたら、私の様子に気づいた息子が黙って私の愚痴を一通り聞いて、

「お母さんってそのコミュニティの中でド底辺なんだね。よくそんな場違いなところにいられるよね。メンタル強いね。一人だけ浮いてたら周りは扱いづらいし、話も合わないし、結果も出せないし、みんなに迷惑ばっかりかけてるなんて、めちゃめちゃ恥ずかしい奴じゃん。よくそんな場にいられるよね！（笑）」

ものすごく楽しそうに、私の経験を笑いに変えてくれました。そして、

「でもね、お母さん。そんなにつらかったら逃げてもいいんだよ。逃げることって悪いことじゃないんだ。そのチャレンジを諦めても別に困らないんだから、無理しなくていいよ」

と、私を優しく慰めてくれたのです。それでもまだ諦めたくない、頑張りたいと言うと、

「だったら、がんばれ。僕の目には、お母さんが楽しそうに見えているよ」

と、フワッと軽くて優しい声で応援してくれました。「がんばれ」と言う息子の声があまりにも優しすぎて、「こんなに思いやりのある言葉がけってあるんだ！」と、心の底から感動しました。

息子も不登校から再登校して自分の居場所がなく、意地悪な子のターゲットになって心ない言葉の数々に傷ついたことがありました。それでも登校を続け、お友達を増やして、教室に自分の居場所をつくったのです。

「逃げてもいいんだよ」の言葉は、息子がどんなにつらい状況でも頑張ってきたから言えたんだろうなと胸が熱くなりました。私がこのチャレンジをしていなかったら、

息子の言葉の深さを理解できなかったと思います。

そして、どんなに無様な姿を晒《さら》しても息子の目には私の姿が楽しそうに見えている。そんなふうに私のことを見ていてくれたのが、何より嬉しかったです。もっと楽しそうにチャレンジしている姿を見せてあげられるように頑張ろうと、元気とやる気をもらえました。

今では息子のおかげで、私もそのコミュニティーの中で自分の居場所をつくることができ、たくさんの仲間ができています。

他にもいろいろなチャレンジをしてきたのですが、最近はかなり思いきったチャレンジをしました。

ディズニーランドの人気ショー『ジャンボリミッキー』で、お姉さんがダンスをしているYouTubeのショート動画に釘づけに。とびきりかわいい笑顔でキレッキレのダンスを踊るお姉さんを見ると元気になれるので、私も彼女たちのようになりたいなと強く憧れ、「ジャンボリミッキーのお姉さんになる！」と目標を掲げたのです。

当然ながらお姉さんたちより年齢はだいぶ上、バカバカしくも無謀なチャレンジだったのですが、通販サイトでコスチュームを購入し、まったく踊れないのにダンスの練習を始めました。しかし、日頃の運動不足と、準備運動をしっかりせずに調子に乗って踊りすぎてしまったせいで開始早々、足を怪我してしまったのです。

完治までに数カ月かかり、しょげていたところ、息子が、「何かお手伝いできることはある？」と声をかけてくれたので、ふざけて「一緒に踊ってほしい」とお願いしてみたらなんと快諾！

二人ともダンスは苦手だし、自分たちが踊っている姿を動画に撮るなどという恥ずかしいことは絶対にやらないタイプなのですが、「〝恥ずかしいの向こう側〟に行こう！」と気持ちを奮い立ててのチャレンジでした。

大学生になった息子は学校にバイトに遊びに筋トレにと毎日とても忙しく、日程を合わせるのも大変でしたが、学校帰りの息子と合流し、レンタルスペースでダンスの練習をして動画を撮影しました。

チャレンジしている背中を見せたくて始めたのに、今では息子が隣で一緒にお腹を抱えて大笑いしながら、バカバカしくてくだらない挑戦に協力してくれている——足を怪我していなかったら、一緒に踊る機会はなかったでしょう。

息子がコスプレをして堂々と踊る姿を見ていると、初めてのことにも抵抗感を持たず、助っ人としてこのおかしな状況を楽しめるようになった成長を感じることができます。

かつてベッドから起き上がるのも大変な状態になってからずっと体調が悪く、鉛のような身体を引きずって学校に通っていた息子は、大学に入学してから驚くほど元気になり、とても明るくたくましくなりました。筋トレやジョギングをコツコツ続けてダイエットをしながら受験を頑張ってきた息子。彼もまた、今までチャレンジしてきたことが花開いたようです。

恥ずかしがり屋で引っ込み思案、周りの目を気にして動けなかった親子が、こんなふうにチャレンジを楽しめるように成長できたことが本当に嬉しいです。

夫も今までやったことのないことにチャレンジをするようになりました。国家資格を取得したり、英会話を勉強したり、キックボクシングを始めたりして、自分の世界を広げています。また、新しいコミュニティーに参加し、会社だけでなく、活躍の場をどんどん広げています。

このように、心と身体の状態が良い状態でキープできるようになると、勉強したくなったり、新しいことにチャレンジしたくなったり、立てた目標を達成しやすくなります。


なんだかいい話ばかりのようですが、これらすべてのきっかけは、息子の不登校と行きしぶり、そして再登校してからの長く厳しくつらい日々です。

子育てをしていたら、どうにもこうにも我慢できずに感情的に怒ってしまう日も、母親失格なのではないかと落ち込んでしまう日も、何をやってもうまくいかない日もあるかと思います。子どもの寝顔を見て反省する日もあるでしょう。

だけど、子育ては何歳からだって、いつからだって、何度だってやり直すことができます。「前へ、前へ」と1ミリでも前へ進めるように日々を積み重ねていけば、いつの間にか苦しみから抜け出して、親子ともに呼吸が楽になり、楽しい日々を送れるようになります。

「自分には何もできることがない」と思うとつらく苦しくなりますが、「まだまだやれることはたくさん残っている」と思えば力が湧いてくるはずです。

子どもはあっという間に驚くほど早く成長してしまいます。

私は息子を育て直して8年が経とうとしていますが、振り返ってみると、あっという間でした。

渦中にいると一日一日がとても長く感じますが、子どもが自立するまでの残された時間に何ができるのか逆算して考えてみると、案外残された時間は短いです。「私ばっかりなんでこんな大変な目に遭わなきゃいけないの？」なんて嘆いている暇なんてありません。

子どもと一緒にいられる限られた時間を、つらく苦しく過ごしてしまうのは、もったいない。どんなにつらい状況でも子育てを楽しむ工夫はいくらでもできます。

つらいときや落ち込んでしまうときは、「そうじゃないよ。子育てのやり方を工夫しよう！」って心からのサインです。

「今、私が一番大切にしているのは何だろうか」

「今、私は誰を愛しているのだろうか」

「今、私が一番守りたいものはなんだろうか」

「今、私の人生で何が幸せだろうか」

こんな問いかけを自分自身にしていくと、カーナビゲーションで目的地を案内してもらうように、今、自分の進むべき道が明確に分かります。


子育てをしていると、今までの人生で味わったことがないほどイライラしたり、不安になったりしますよね。それほどまでにイライラしたり不安になるということは、あなたは愛情深くて素敵なお母さん、お父さんなんですよ。

「あー、私って、こんなにも子どもを愛しているんだ！　なんて愛情深いお母さんなんだろう。毎日めちゃめちゃ頑張ってるな、私!!」

って自分のことをハグして、盛大に認めて、ねぎらって、ほめてあげてください。そうすると、イライラや不安の根っこにある、宇宙よりも大きな愛情をしっかりと感じることができるはずです。

この愛情をイライラや不安のフィルターを通さずに、ダイレクトに子どもに伝えていきましょう。そうすれば、子どもが何歳になっても赤ちゃんのころのように、何をやっても「うちの子って本当にかわいい!」と思えるはずです。
子育ては時間がかかるものです。すぐに結果が出せるようなものではありません。のんびり、ゆっくり、あなたのペースで大丈夫です。

諦めない限り、必ず子どもを救い出すことができます。試練を乗り越えることはとても大変ですが、家族の絆を深めるキッカケにもなりますし、親子で成長できるチャンスでもあります。

お子さん、あなた、他のご家族——みなさんが笑顔になれる日はきっと来ます。
未熟で不器用な私が右往左往してきた記録が、今、苦しんでおられる方々の小さな灯火になることを願ってやみません。

特別寄稿

母へ――本書の刊行に寄せて

今回、母が子育ての本を出版することが決まったと聞いて僕はとても驚くと同時に嬉しくもありました。

僕が体調を崩したり、学校が嫌になったりで学校に行けなくなり、大変な時期に家族がバラバラにならずにいつもいい空気を作り続けてくれて、どうやったらまた学校に行けるようになるのか、画策してくれていたことを僕は知っています。

当時、僕のために全く触れたこともない心理学を学んでくれたことがとても嬉しいし、それを僕だけに使うのではなく、他の困っているお母さんにも手を差し伸べて、たくさんの人をより良い方向に導いていることが、息子としてとても誇らしいです。何より母の努力を尊敬します。

母がこの本を書く中で、僕も当時のことを思い出しながらあの時の心情を伝えたり、言葉の言い回しなどを一緒に考えたり、いろいろとお手伝いをしました。

母の文章を読んでいく中で母が当時どんなことを思いながら僕と接してくれていたのか、どれだけ僕を愛してくれていたのかを肌で感じることができました。

「あぁ、こんなに僕のことを愛してくれていたのか」と、とても嬉しくも思いました。すごく迷惑を掛けてしまったけれども、それでも愛想を尽かさずに愛してくれたおかげで今があると思います。

母が僕のために駆け回ってくれたおかげで再び学校に通えるようになったし、高校も卒業することができました。

また、行きたい大学が見つからずギリギリまで迷って何となくで決めた、受験すれば誰でも入れる大学を受験、合格した時に「行きたくないなら本当に行きたい大学を見つけよう」と優しくアドバイスをしてくれて一浪を決心するきっかけをくれました。そして僕は、端《はな》から諦めていた、父が通っていた大学を目指してみたい！　と思って勉強を頑張り、無事に合格することもできました。それもこれも全て母のおかげです。

母が何があっても隣で優しくサポートしてくれたから、僕も他人に優しくしようと思えるし、人を妬《ねた》んだり、卑屈にならずに育つことができました。お母さん、産んでくれてありがとう。あなたの息子になれて幸せです。これからも優しく見守っていてください。

息子より

おわりに

息子が再登校をして3カ月が過ぎたころ、「お腹が痛いよー。学校で笑いすぎて筋肉痛になった」と楽しそうに笑う息子の姿を見て、学校に戻れて本当に良かったなと心から思いました。

「背筋を伸ばして歩くと、猫背でうつむいて歩いているときとは見える世界が変わるんだよ。だから背筋を伸ばして歩けるように、毎日腕立て伏せをして身体を鍛えているんだ。まずは10回できるようになると自信がつくよ」

めまいや立ちくらみでよろけないように、うつむいて猫背で足を引きずるように歩く癖がついていた息子は、背筋を伸ばすと視野が広がり、見える世界が変わることに気づきました。

日々の言葉がけと似ているなと思います。コツコツと毎日言葉がけを継続することで、言葉がけも上達していきます。言葉がけをして子どもの笑顔が10回見えるころには、見える世界も変わっているかもしれません。

一人で孤独に子育てをせずに、ぜひ私と繋《つな》がって一緒に子育てを楽しみましょう。

Facebookで「富永愛梨」と検索をして、一言添えてお友達申請をしてください。もしくは、InstagramやX（奥付の著者紹介にQRコードを記載しました）、noteで繋がってください。

eri.tominaga.nlp@gmail.comへ、メールでのご連絡もお待ちしております。メッセージをいただきましたら、多少時間はかかるかもしれませんが必ずお返事をさせていただきます。

本書はたくさんの方々のお力添えをいただき、出版することが叶いました。

ずっと憧れていた青春出版社さんと繋げてくださったネクストサービス株式会社の松尾昭仁先生、大沢治子さま、不登校や行きしぶりの子を持つ親のつらい気持ちに寄り添い温かいアドバイスをしてくださった青春出版社編集者の野島純子さまをはじめ、この本に関わってくださったすべての皆さまに、心から感謝を申し上げます。本を書くキッカケをくださったNLP－JAPANラーニング・センターの足達大和先生、NLPの探求を深めてくださるNLP心理セラピスト・アカデミー代表の浅野高広さま、子育ての基本を教えてくださったキッズカウンセリング寺子屋代表の森田直樹先生、不登校から再登校までの道のりをずっと支えてくださった仲間の皆さま、素晴らしいお子さまのリソースをシェアしてくださるクライアントの皆さまに、心から感謝を申し上げます。

そして、私たちの経験が少しでもお役に立てるならと快く自分たちのエピソードを書くことを了承してくれた両親、夫、息子の勇気を心から尊敬しています。何年も応援し続けてくれた優しさにいつも救われていました。本当にありがとうございます。

何より、当時のつらかった経験を惜しみなく語り、たくさんのアドバイスをくれた息子には感謝してもしきれません。あなたのお母さんになれて、私は世界で一番幸せです。

お母さんの子に生まれてきてくれて本当にありがとう!

それから、本書を手に取ってくださったあなたに心から感謝申し上げます。

私の経験や学びを少しでもお役に立てていただけるように精進して参りますので、今後ともどうぞよろしくお願いいたします。

2025年3月吉日

富永愛梨

著者紹介

富永愛梨　心理カウンセラー・NLP上級スキルマスター。受講者のトップ１％しかいない米国NLP＆コーチング研究所認定NLPヘルスサティフィケーション保有。
息子が小学4年生の3月に中学受験のトラブルが原因で体調不良となり起立性調節障害と診断され、中学１年生の夏休み明けから不登校に。一時期はベッドから起き上がれないほどの症状に苦しむ。わが子の心と身体を回復させたい一心で、「脳と心の取り扱い説明書」と呼ばれる最新の心理学NLPを学び実践。現在は、かつての息子同様、不登校や行きしぶりに悩むのべ3000人超の親子をサポートしている。NLP心理学に基づく親の言葉がけで、子どもが前向きになった、問題行動が減った、笑顔で登校するようになった等、感謝の声多数。

Instagram

X

息子《むすこ》が不登校《ふとうこう》だった心理《しんり》カウンセラーが伝《つた》えたい
不登校《ふとうこう》の子《こ》が元気《げんき》になる言葉《ことば》　つらくなる言葉《ことば》

2025年３月 30日　第１刷

著　　　者　富《とみ》永《なが》愛《え》梨《り》

発　行　者　小澤源太郎

責任編集　株式会社 プライム涌光
電話　編集部　03（3203）2850

発　行　所　株式会社 青春出版社
東京都新宿区若松町12番１号 〒162-0056
振替番号　00190-7-98602
電話　営業部　03（3207）1916

印刷　三松堂　　製本　大口製本

万一、落丁、乱丁がありました節は、お取りかえします。

ISBN978-4-413-23397-2 C0037